Das kleine Häuser-Orakel der Kipperkarten
von
Zeljko Schreiner

**Werde Dir dem Glück Deines Lebens bewusst
Im Hier und im Jetzt
Denn es kann später sein, als Du denkst**

Das kleine Häuser-Orakel der Kipperkarten

ISBN-13: 9783732248766

Herstellung und Verlag: BoD - Boooks on Demand, Norderstedt

Bibliografische Information der Deutschen Nationalbibliothek
Die Deutsche Nationalbibliothek verzeichnet diese Publikation in der Deutschen Nationalbibliografie; detaillierte bibliografische Daten sind im Internet über http://dnb.d-nb.de abrufbar.

Hinweis: Die hier beschriebene Kipperkartenanleitung ist nach bestem Wissen und Gewissen erstellt worden. Trotzdem kann der Autor für die Richtigkeit der Angaben keine Gewähr übernehmen.
Kipperkarten sind nicht dazu geeignet, um den professionellen Rat von Angehörigen entsprechender Berufsgruppen zu ersetzen (z.B. Psychiater, Ärzte, Psychologen, Steuerexperten, Rechtsexperten, Finanzexperten, usw.).
Der Autor übernimmt deshalb auch keine Verantwortung für Schäden, die sich beim direkten, indirekten oder falschen Gebrauch der Kipperkarten ergeben.

Inhalt

Einleitung

Möchten Sie wissen, wie es mit Ihrer Zukunft weitergeht? Ob Ihre neue Liebe Bestand hat und ob das betriebliche Arbeitsklima auch weiterhin harmonisch bleibt? Möchten Sie wissen, welche Chancen und Risiken das Schicksal für Sie bereithält und wie es mit Ihnen weitergeht, wenn Sie einen bestimmten Weg einschlagen?
Vielleicht sollten Sie doch mal einen Blick in die Karten werfen oder einem erfahrenen Kartenleger diesen Zukunftsblick überlassen.
Es gibt viele Menschen, auf die das Kartenlegen eine nahezu magische Anziehung hat. Sie, liebe Leserin, lieber Leser, werden sicherlich auch dazu gehören, sonst hätten Sie wohl dieses Buch nicht gekauft.
Das Wahrsagen mit Karten hatte ihren Ursprung im 7. Jahrhundert in China. In diesem Zeitraum entwickelte sich dort der Holztafeldruck, mit dem man spiegelverkehrte Bilder in Holztafeln schnitzte, um über diese Vorlagen Papier zu bedrucken. Mit diesem Verfahren druckte man kleine Spielkartenbilder, die anfangs nur zum Spielen und später auch zum Deuten der Zukunft genutzt wurden. Somit hatte das Wahrsagen mit Karten ihre Geburtsstunde.
In Europa begann das eigentliche Wahrsagen mit Karten erst im 15. Jahrhundert. Es war die Zeit der Zuwanderung von vielen Roma- und Sintifamilien. Die beiden eingewanderten Völkergruppen machten das Wahrsagen mit Karten äußerst populär und noch heute ziehen deren angepriesene Wahrsagedienste viele Menschen in ihren Bann.
Mittlerweile gibt es viele Orakel- und Wahrsagekarten in verschiedenen Variationen, wobei die Zigeuner-, Lenormand- und Kipperkarten im deutschsprachigen Raum am populärsten sind.
Hauptsächlich die Kipperkarten erfreuen sich großer Beliebtheit, weil die Kartenbilder sehr aussagekräftig wirken.
Kipperkarten sind Wahrsagekarten, die um 1870 entwickelt und nach Susanne Kipper benannt wurden. Die Kartenmotive spiegeln das Leben des neunzehnten Jahrhunderts in Bayern wieder, wo sie mehrere Jahre gelebt hat.
Um die Zukunft aus diesen Karten zu deuten, gibt es verschiedene Legetechniken. Eines dieser vielen Legetechniken ist das Häuserorakel, das ich Ihnen in diesem Buch vorstellen möchte.

Das kleine Häuserorakel der Kipperkarten

Das kleine Häuserorakel ist eine Legetechnik, die im deutschsprachigen Raum noch nicht so bekannt ist. Es ist eine einfache Deutungsform, die aber trotzdem aussagekräftig ist und klare Antworten liefert. Dabei gibt es zwei Methoden, um die Karten auszulegen. Die erste Methode ist die klassische, wobei die Karten gemischt, einmal abgehoben und in vier Reihen zu je neun Karten ausgelegt werden. Diese Methode ist von Vorteil, wenn die Beratung nicht allzu lange dauern sollte. Hierbei kann jedoch die Fehlerquote steigen, vor allem dann, wenn der Berater beim Kartenmischen abgelenkt wird.

Bei der zweiten Methode breitet der Berater die Kipperkarten mit der Bildseite nach unten aus. Anschließend zieht er für jedes Haus eine Karte und legt sie aus, ebenfalls vier Reihen zu je neun Karten.

Das ausgebreitete Orakel teilt sich in 36 Häuser auf, wobei 30 Häuser Lebenssituationen anzeigen. Die restlichen 6 sind Personen zugeordnet, die den Fragesteller und seine Mitmenschen darstellen.

Auflistung der Häuser:

Haus Nr.01: Fragesteller, Herzenspartner, zukünftiger Partner
Haus Nr.02: Fragestellerin, Herzenspartnerin, zukünftige Partnerin
Haus Nr.03: Bindung, Partnerschaft, Moralvorstellung, Treue
Haus Nr.04: Freundeskreis, Bekanntenkreis, Arbeitskollegen
Haus Nr.05: Älterer Mann, Vater, Onkel, älterer Freund
Haus Nr.06: Ältere Frau, Mutter, Tante, ältere Freundin
Haus Nr.07: Briefe, Gespräche, Dokumente, Schriftstücke, Bücher
Haus Nr.08: Irrtümer, Lügen, Fehler
Haus Nr.09: Veränderung, Umzug, Renovierung
Haus Nr.10: Reisen, Auto, lange Fahrten, Urlaub
Haus Nr.11: Finanzen, Einnahmen, Ausgaben
Haus Nr.12: Junge Frau, Tochter, Schwester, Kollegin, Freundin
Haus Nr.13: Firma, Sicherheiten, Bank
Haus Nr.14: Seelische oder körperliche Belastungen, leichter Kummer
Haus Nr.15: Liebe, Herzlichkeit, innige Freundschaft
Haus Nr.16: Gedanken, Pläne, Ideen, Visionen
Haus Nr.17: Freude, Talente, Überraschungen, Geschenke
Haus Nr.18: Neuigkeiten, Neubeginn, Schwangerschaft, kleines Kind
Haus Nr.19: Schicksal, Schreck, Unfall, negativer Vorfall
Haus Nr.20: Haus, Nachbarschaft, Verwandte
Haus Nr.21: Wohnung, engster Familienkreis
Haus Nr.22: Jüngerer Mann, Sohn, jüngerer Freund, Kollege
Haus Nr.23: Entscheidungen, Gericht
Haus Nr.24: Kontaktverlust, materieller Verlust, soziale Verluste
Haus Nr.25: Anerkennung, Guter Ruf, Schule, Ausbildung, Behörde
Haus Nr.26: Glück, positiver Ausgang, Erfolg
Haus Nr.27: Angebot, Vertrag, Auftrag
Haus Nr.28: Geduld, ein bis drei Monate
Haus Nr.29: Angst, Unsicherheit, Einsamkeit
Haus Nr.30: Streit, Nervosität, Gereiztheit
Haus Nr.31: Krankheit, schwere körperliche Belastung
Haus Nr.32: Kummer, Sorgen, pessimistische Gedanken
Haus Nr.33: Negative Gedanken, Egoismus, Betrug
Haus Nr.34: Arbeit, Beschäftigung, Fleiß
Haus Nr.35: Viel Geduld, lange Zeit (ein bis zwei Jahre)
Haus Nr.36: Träume, Hoffnung, Spiritualität, Glaube, Weltanschauung

Jedes Haus wird durch die entsprechende Kipperkarte vertreten. Haus Nr.01 entspricht Karte Nr.01, Haus Nr.02 entspricht Karte Nr.02. Wird z.b. die Karte Nr.08 in das Haus Nr.32 gelegt, so entspricht es der Kartenkombination Nr.08 und Nr.32. Wird nun im umgekehrten Fall die Karte Nr.32 in das Haus Nr.08 gelegt, bleiben Kombination und Deutung gleich.

Im Vergleich zu anderen Deutungsmethoden werden beim Häuserorakel die Karten so gedeutet, dass sich Antworten direkt auf den Fragesteller beziehen, aber nicht auf Personen seines Umfeldes. Ein gutes Beispiel ist hierbei die Kombination Nr.22 und Nr.32, die bei der klassischen Deutung des großen Decks besagt, dass ein junger Mann Kummer und Sorgen hat. Beim Häuserorakel besagt diese Kombination jedoch, dass der junge Mann dem Fragesteller Kummer und Sorgen bereiten wird.

Dies ist auch der Grund, warum beim Häuserorakel die Kombinationen teilweise anders gedeutet werden, als beim großen Deck.

Weil jedes einzelne Haus unterschiedliche Situationen, Bereiche oder Personen darstellen kann, entscheidet der Fragesteller beim Ziehen der Karten, welche Lebensbereiche und Personen für ihn wichtig sind.

Beispiel 1: Haus Nr.05 symbolisiert einen älteren Mann. Hierbei kann es sich um den Vater, den Onkel oder einen älteren Freund handeln. Der Fragesteller entscheidet beim Ziehen der fünften Karte, welche Person dargestellt werden soll.

Beispiel 2: Haus Nr.25 symbolisiert eine Behörde, Anerkennung, eine Schule oder Ausbildungseinrichtung. Der Fragesteller entscheidet beim Ziehen der fünfundzwanzigsten Karte, was dargestellt werden soll.

Möchten Sie das Häuserorakel auslegen, empfehle ich Ihnen deshalb, dass Sie sich vorher Gedanken machen, was durch die einzelnen Häuser repräsentiert werden soll. Für den Anfang ist es auch hilfreich, wenn Sie sich diese persönlichen Details auf einen Zettel notieren. Schreiben Sie auf, welche Personen und Themen für Sie wichtig sind und durch welche Häuser diese dargestellt werden. Mit dieser einfachen Methode können Sie sicher sein, dass nur das in Ihrem Kartenbild erscheint, was für Sie auch relevant und wichtig ist.

Beschreibung der Häuser-
und Kartenkombinationen

Auf den nachfolgenden Seiten stelle ich Ihnen die Kombinationen der Häuser und Karten vor.

Ich wünsche Ihnen jetzt schon viel Freude beim Lernen und Üben mit den berühmten Kipper-Wahrsagekarten.

Haus Nr.01, Nr.02 Hauptperson

Das Haus des Fragestellers / Das Haus des Herzenspartners (HP)

Beschreibung:
Die beiden Häuser symbolisieren den Fragesteller und den (HP).
Beim Mann ist Haus Nr.01 das Haus des Fragestellers und Haus Nr.02 das Haus des HP.
Bei der Frau ist es umgekehrt. Haus Nr.01 ist das Haus des HP und Haus Nr.02 das Haus der Fragestellerin.

Deutung der Kombinationen mit Haus Nr.01/02, Karte Nr.01/02

Nr.01 / Nr.02: Liegt die gegengeschlechtliche Karte in Ihrem Haus, ist der HP nahe bei Ihnen. Liegt die eigene Karte im eigenen Haus, haben Sie ein gesundes Ego und bleiben Ihrer Lebenseinstellung treu.
Nr.03: Sie oder Ihr HP sind treu. Sind Sie Single, kommt bald eine neue Partnerschaft auf Sie zu.
Nr.04: Sie oder Ihr HP sind gerne in Gesellschaft.
Nr.05: Sie oder Ihr HP haben eine starke Bindung zu einem älteren Mann.
Nr.06: Sie oder Ihr HP haben eine starke Bindung zu einer älteren Frau.
Nr.07: Sie oder Ihr HP erhalten Unterlagen. HP ist gesprächig.
Nr.08: Sie oder Ihr HP werden mit Lügen konfrontiert.
Nr.09: Sie oder Ihr HP machen große Veränderungen durch.
Nr.10: Sie oder Ihr HP sind auf Reise. Eine schöne Reise mit dem HP.
Nr.11: Sie oder Ihr HP können gut mit Geld umgehen oder haben ein kleines Vermögen.
Nr.12: Sie oder Ihr HP haben eine starke Bindung zu einer jüngeren Frau.
Nr.13: Sie oder Ihr HP leben in sicheren Verhältnissen. Eigene Firma.
Nr.14: Sie oder Ihr HP sind wehleidig oder leiden unter Belastungen.
Nr.15: Sie oder Ihr HP sind liebenswert oder auch verliebt.

Nr.16: Sie oder Ihr HP machen sich viele Gedanken oder schmieden Pläne.

Nr.17: Sie oder Ihr HP lachen gerne und sind für Späße zu haben. Eine Überraschung vom HP.

Nr.18: Sie oder Ihr HP erhalten Neuigkeiten. Bedeutet auch, dass Sie oder Ihr HP den Umgang mit Kindern lieben oder Nachwuchs erwarten.

Nr.19: Sie oder Ihr HP haben eine schwierige Zeit vor sich. Kann aber auch Unfallgefahr bedeuten.

Nr.20: Sie oder Ihr HP werden seelisch stabil und familiär sein. Könnte aber auch ein Haus bedeuten, welches Sie oder Ihr HP bald haben.

Nr.21: Sie oder Ihr HP sind bequem und halten sich am liebsten zu Hause auf.

Nr.22: Sie oder Ihr HP haben eine starke Bindung zu einem jüngeren Mann. Kann aber auch den jüngeren Liebhaber bedeuten.

Nr.23: Sie oder Ihr HP haben eine wichtige Entscheidung zu treffen. Bedeutet aber auch, dass eine Entscheidung über Sie oder Ihren HP getroffen wird (z.B. beim Gericht).

Nr.24: Sie oder Ihr HP haben Verluste.

Nr.25: Sie oder Ihr HP bekommen hohes Ansehen in der Gesellschaft. Kann aber auch, je nach Fragestellung, eine gute Bildung oder einen erfolgreichen Schulabschluss bedeuten.

Nr.26: Sie oder Ihr HP haben viel Glück.

Nr.27: Sie oder Ihr HP bekommen ein gutes Angebot. Dies könnte z.B. ein Arbeitsvertrag oder auch ein Kaufvertrag sein.

Nr.28: Sie oder Ihr HP sollten sich noch etwas gedulden. Sind Sie Single, dauert es noch einige Monate, bis Sie Ihren HP kennenlernen.

Nr.29: Sie oder Ihr HP sind einsam. HP wirkt auf Sie einengend.

Nr.30: Sie oder Ihr HP sind gereizt und streitsüchtig.

Nr.31: Sie oder Ihr HP sind kränklich. Ein Arztbesuch wäre ratsam.

Nr.32: Sie oder Ihr HP haben Kummer.

Nr.33: Sie oder Ihr HP werden mit Neidern und Betrügern konfrontiert oder sollten darauf achten, nicht egoistisch zu werden.

Nr.34: Sie oder Ihr HP sind fleißig. Es kommt viel Arbeit auf Sie zu.

Nr.35: Sie oder Ihr HP brauchen noch viel Geduld. Sind Sie Single, kann es noch ein bis zwei Jahre dauern, bis Sie Ihren HP kennenlernen.

Nr.36: Sie oder Ihr HP sind spirituell veranlagt. Sind Sie Single, kann es auch bedeuten, dass Ihr zukünftiger HP aus dem Ausland kommt.

Haus Nr.03 Ehestandskarte

Das Haus der Bindung und der Treue

 **Beschreibung:**
Dieses Haus symbolisiert Bindung und Treue, die sich auf feste Partnerschaften und Freundschaften beziehen sowie moralische Wertvorstellungen.

Deutung der Kombinationen mit Haus Nr.03, Karte Nr.03

Nr.01 / Nr.02: Sie oder Ihr HP sind treu. Sind Sie Single, kommt bald eine neue Partnerschaft auf Sie zu.

Nr.03: Eine feste Partnerschaft. Sollten Sie noch Single sein, kommt sehr bald eine neue Partnerschaft auf Sie zu, die dauerhaft ist.

Nr.04: Hochzeitsgesellschaft. Auf Ihre Freunde ist viel Verlass.

Nr.05: Älterer Mann ist zuverlässig. Freundschaft mit älterem Mann.

Nr.06: Ältere Frau ist zuverlässig. Freundschaft mit älterer Frau.

Nr.07: Gespräche über die Beziehung oder über die Freundschaft.

Nr.08: Eine unehrliche Partnerschaft. Etwas läuft in der Partnerschaft falsch. Klärende Aussprache ist notwendig.

Nr.09: Eine Veränderung in der Partnerschaft. Eine Partnerschaft bringt Veränderungen im Alltag, auch Ortswechsel.

Nr.10: Hochzeitsreise. Eine Partnerschaft, in der viel gereist wird.

Nr.11: Guter Umgang mit Geld. Eine Partnerschaft, in der Geld eine wichtige Rolle spielt.

Nr.12: Jüngere Frau ist zuverlässig. Freundschaft mit jüngerer Frau.

Nr.13: Eine sichere Partnerschaft. Sollten Sie noch Single sein, kommt sehr bald eine neue Partnerschaft auf Sie zu, in der Sie auch finanziell abgesichert sind.

Nr.14: Eine schwierige Partnerschaft, die belastet.

Nr.15: Eine Partnerschaft, die auf wahrer Liebe basiert.

Nr.16: Für diese Partnerschaft werden Pläne geschmiedet.

Nr.17: In dieser Partnerschaft ist Heiterkeit und Frohsinn angesagt.

Nr.18: Eine neue Partnerschaft. In der bestehenden Partnerschaft kann sich bald Nachwuchs ankündigen.

Nr.19: Schock in der Partnerschaft. Kann auch Trennung bedeuten.

Nr.20: Immobilienerwerb in der Partnerschaft. Diese Partnerschaft ist stabil und familiär geprägt.

Nr.21: Eine idyllische Partnerschaft, in der aber kaum Unternehmungen gemacht werden.

Nr.22: Jüngerer Mann ist zuverlässig. Freundschaft mit jungem Mann.

Nr.23: Wegen einer Partnerschaft wird eine Entscheidung getroffen. Leben Sie in einer Ehe, kann diese Kombination das Scheidungsgericht anzeigen. Sollten Sie noch Single sein, treffen Sie die Entscheidung, um eine neue Partnerschaft einzugehen.

Nr.24: Diese Partnerschaft geht zu Ende. Sollten Sie noch Single sein, haben Sie in der nächsten Partnerschaft Verluste.

Nr.25: Eine Partnerschaft, die auf Gegenseitigkeit beruht und deshalb von Ihren Mitmenschen geschätzt wird.

Nr.26: Eine glückliche Partnerschaft.

Nr.27: Hochzeit. Vereinbarungen wegen einer Partnerschaft.

Nr.28: Für diese Partnerschaft ist Geduld angesagt. Sind Sie Single, kann es noch einige Monate bis zur Partnerschaft dauern.

Nr.29: Eine Partnerschaft mit wenig Freiraum. Kann aber auch Beziehungsangst bedeuten.

Nr.30: Streitereien und gereiztes Klima in der Partnerschaft.

Nr.31: Eine belastende Partnerschaft, die zu körperlichen Beschwerden führt.

Nr.32: Die Partnerschaft bereitet Kummer.

Nr.33: Die Partnerschaft wird durch viel Neid und Missgunst der Mitmenschen belastet. Kann aber auch einen Seitensprung bedeuten.

Nr.34: Diese Partnerschaft wird durch viel Arbeit und Fleiß geprägt.

Nr.35: Diese Partnerschaft bleibt noch jahrelang bestehen. Sind Sie Single, dauert es noch einige Jahre, bis Sie den richtigen Partner finden.

Nr.36: Eine ideale Partnerschaft. Bedeutet aber auch, dass Sie Ihren Seelenpartner gefunden haben oder noch finden, falls Sie Single sind.

Haus Nr.04 Zusammenkunft

Das Haus der Freunde

Beschreibung:
Dieses Haus symbolisiert Freunde, Bekannte und Geselligkeit.
Ebenso symbolisiert es auch Veranstaltungen bei denen große Menschenmengen anzutreffen sind.

Deutung der Kombinationen mit Haus Nr.04, Karte Nr.04

Nr.01 oder Nr.02: Sie oder Ihr HP sind gerne in Gesellschaft.
Nr.03: Hochzeitsgesellschaft. Auf Ihre Freunde ist viel Verlass.
Nr.04: Ihre Freunde sind Ihnen sehr wichtig.
Nr.05: Ein älterer Mann ist gerne in Ihrer Gesellschaft. Treffen mit einem älteren Mann.
Nr.06: Eine ältere Frau ist gerne in Ihrer Gesellschaft. Treffen mit einer älteren Frau.
Nr.07: Eine schriftliche oder telefonische Einladung.
Nr.08: Freunde und Bekannte sind unehrlich. Viel Klatsch und Tratsch.
Nr.09: Veränderungen im Freundeskreis. Alte Freunde gehen, neue Freunde kommen.
Nr.10: Eine Reise mit Freunden. Eine Reise in großer Gesellschaft.
Nr.11: Treffen, um eine finanzielle Angelegenheit zu besprechen.
Nr.12: Eine jüngere Frau ist gerne in Ihrer Gesellschaft. Treffen mit einer jüngeren Frau.
Nr.13: Besprechung in der Firma. Besprechung wegen einer Firma.
Nr.14: Freunde und Bekannte sind belastend. Depressive Stimmung im Freundeskreis macht Sie auch depressiv.
Nr.15: Rendezvous. Herzliche Verabredung mit Freunden.

Nr.16: Pläne und Gedanken wegen einem Treffen oder wegen dem Freundeskreis.

Nr.17: Feier. Im Freundeskreis wird viel gelacht.

Nr.18: Neuer Freundeskreis. Freunde haben wichtige Neuigkeiten.

Nr.19: Freunde haben einen negativen Einfluss und sind mit Vorsicht zu genießen.

Nr.20: Freunde in der Nachbarschaft. Familientreffen.

Nr.21: Gemütliches Beisammensein. Freunde sind sehr gemütlich.

Nr.22: Ein jüngerer Mann ist gerne in Ihrer Gesellschaft. Treffen mit einem jüngeren Mann.

Nr.23: Eine wichtige Entscheidung wegen dem Freundeskreis treffen.

Nr.24: Verlust von Freunden.

Nr.25: Vorladung zu einer Behörde. Guter Ruf im Freundeskreis.

Nr.26: Von Ihren Freunden können Sie profitieren. Freunde bringen Glück.

Nr.27: Freunde unterstützen sich gegenseitig. Treffen wegen einer Vertragsunterzeichnung.

Nr.28: Für Ihre Freunde brauchen Sie viel Geduld. Es wird noch einige Monate dauern, bis Sie neue Menschen kennenlernen.

Nr.29: Freunde sind langweilig. Freunde möchten nicht auf Ihre Bedürfnisse eingehen und versuchen den eigenen Willen durchzusetzen.

Nr.30: Gereizte Stimmung und Streit im Freundeskreis.

Nr.31: Krankenbesuch. Freunde sind kränklich und belasten Sie damit.

Nr.32: Ihre Freunde bereiten Ihnen Kummer.

Nr.33: Freunde sind rücksichtslos und egoistisch. Freunde strahlen Neid aus.

Nr.34: Ihre Freunde sind fleißig und hilfsbereit. Gute Arbeitskollegen.

Nr.35: Freundschaft bleibt noch jahrelang bestehen.

Nr.36: Freunde sind spirituell interessiert. Treffen beim Kartenleger oder Astrologen.

Haus Nr.05 Guter Herr

Das Haus des Vaters

Beschreibung:
Dieses Haus symbolisiert einen älteren Mann, der starken Einfluss auf das Leben des Fragestellers hat. Meistens ist es der eigene Vater.
Fehlt der väterliche Bezug, ist es ein männlicher Verwandter oder Freund, der älter ist oder älter wirkt und viel Lebenserfahrung besitzt.

Deutung der Kombinationen mit Haus Nr.05, Karte Nr.05

Nr.01 oder Nr.02: Sie oder Ihr HP haben eine starke Bindung zu einem älteren Mann.
Nr.03: Älterer Mann ist zuverlässig. Freundschaft mit älterem Mann.
Nr.04: Ein älterer Mann ist gerne in Ihrer Gesellschaft. Treffen mit einem älteren Mann.
Nr.05: Zwei ältere Männer, zu denen Sie guten Kontakt haben.
Nr.06: Ein älteres Ehepaar, zu dem Sie guten Kontakt haben.
Nr.07: Gespräche mit einem älteren Mann. Eine Nachricht von einem älteren Mann.
Nr.08: Ein älterer Mann ist sehr unehrlich und fügt Ihnen durch seine Gespräche einen Rufschaden zu.
Nr.09: Durch einen älteren Mann bringen Sie Veränderungen in den Alltag.
Nr.10: Reise oder größere Fahrt mit einem älteren Mann.
Nr.11: Älterer Mann gibt Ihnen Geld. Älterer Mann verursacht Kosten. Persönliche Umstände dieser Person sind ausschlaggebend, doch in den meisten Fällen ist die Deutung positiv.
Nr.12: Ein älterer Mann und eine jüngere Frau (z.B. Vater und Tochter, Opa und Enkeltochter) oder ein Paar mit großem Altersunterschied, zu dem Sie guten Kontakt haben.

Nr.13: Ein älterer Mann gibt Ihnen Sicherheiten. Älterer Sachbearbeiter von der Bank gewährt Ihnen einen Kredit.

Nr.14: Ein älterer Mann jammert viel und belastet Sie damit seelisch.

Nr.15: Ein älterer Mann ist herzlich und liebenswert. Liebe oder tiefe Freundschaft zu einem älteren Mann.

Nr.16: Gedanken und Pläne wegen einem älteren Mann.

Nr.17: Ein älterer Mann ist heiter und hebt Ihre Stimmung. Überraschung von einem älteren Mann.

Nr.18: Älterer Mann hat Neuigkeiten. Älterer, kinderlieber Mann oder älterer Mann mit einem Kind, zu dem Sie guten Kontakt haben.

Nr.19: Ein älterer Mann hat einen Schicksalsschlag, der Sie schockiert. Ein älterer Mann hat negativen Einfluss und bringt Ihnen Unglück.

Nr.20: Ein älterer Mann aus der Nachbarschaft oder Familie, zu dem Sie guten Kontakt haben.

Nr.21: Ein älterer, häuslicher Mann, zu dem Sie guten Kontakt haben.

Nr.22: Ein älterer und ein jüngerer Mann (z.B. Vater und Sohn oder Opa und Enkelsohn), zu denen Sie guten Kontakt haben.

Nr.23: Entscheidung wegen einem älteren Mann treffen. Älterer Mann trifft wegen Ihnen eine Entscheidung.

Nr.24: Kontakt zu einem älteren Mann geht verloren.

Nr.25: Älterer Mann spricht gut über Sie und verleiht Ihnen einen guten Ruf.

Nr.26: Ein älterer Mann bringt Ihnen viel Glück.

Nr.27: Ein älterer Mann macht Ihnen einen interessanten Vorschlag oder ein gutes Angebot.

Nr.28: Wegen einem älteren Mann sollten Sie sich noch gedulden.

Nr.29: Ein älterer Mann wirkt auf Sie einengend.

Nr.30: Sie bekommen Streit mit einem älteren Mann.

Nr.31: Ein älterer Mann ist krank und belastet Sie damit.

Nr.32: Ein älterer Mann bereitet Ihnen Kummer.

Nr.33: Ein älterer Mann ist egoistisch und bereitet Ihnen Ärger.

Nr.34: Älterer Mann ist fleißig und Ihnen gegenüber hilfsbereit. Älterer Arbeitskollege, zu dem Sie ein gutes Verhältnis haben.

Nr.35: Zu einem älteren Mann bleibt der Kontakt jahrelang bestehen.

Nr.36: Ein älterer Mann ist spirituell veranlagt und wird Sie in seine Weltanschauung einführen.

Haus Nr.06 Gute Dame

Das Haus der Mutter

Beschreibung:
Dieses Haus symbolisiert eine ältere Frau, die starken Einfluss auf das Leben des Fragestellers hat. Meistens ist es die eigene Mutter.
Fehlt der mütterliche Bezug, ist es eine weibliche Verwandte oder eine Freundin, die älter ist oder älter wirkt und viel Lebenserfahrung besitzt.

Deutung der Kombinationen mit Haus Nr.06, Karte Nr.06

Nr.01 oder Nr.02: Sie oder Ihr HP haben eine starke Bindung zu einer älteren Frau.
Nr.03: Ältere Frau ist zuverlässig. Freundschaft mit älterer Frau.
Nr.04: Eine ältere Frau ist gerne in Ihrer Gesellschaft. Treffen mit einer älteren Frau.
Nr.05: Ein älteres Ehepaar, zu dem Sie guten Kontakt haben.
Nr.06: Zwei ältere Frauen, zu denen Sie guten Kontakt haben.
Nr.07: Gespräche mit einer älteren Frau. Eine Nachricht von einer älteren Frau.
Nr.08: Eine ältere Frau ist äußerst unehrlich und fügt Ihnen durch ihre Gespräche einen Rufschaden zu.
Nr.09: Durch eine ältere Frau bringen Sie Veränderungen in Ihren Alltag.
Nr.10: Reise oder größere Fahrt mit einer älteren Frau.
Nr.11: Ältere Frau gibt Ihnen Geld. Ältere Frau verursacht Kosten.
Persönliche Umstände dieser Person sind ausschlaggebend, doch in den meisten Fällen ist die Deutung positiv.
Nr.12: Ältere und jüngere Frau (z.B. Mutter und Tochter), zu denen Sie guten Kontakt haben.

Nr.13: Eine ältere Frau gibt Ihnen Sicherheiten. Ältere Sachbearbeiterin von der Bank gewährt Ihnen einen Kredit.

Nr.14: Eine ältere Frau jammert viel und belastet Sie damit seelisch.

Nr.15: Eine ältere Frau ist herzlich und liebenswert. Liebe oder tiefe Freundschaft zu einer älteren Frau.

Nr.16: Gedanken und Pläne wegen einer älteren Frau.

Nr.17: Eine ältere Frau ist heiter und hebt Ihre Stimmung. Überraschung von einer älteren Frau.

Nr.18: Ältere Frau hat Neuigkeiten. Ältere, kinderliebe Frau oder ältere Frau mit einem Kind, zu der Sie guten Kontakt haben.

Nr.19: Eine ältere Frau hat einen Schicksalsschlag, der Sie schockiert. Eine ältere Frau hat negativen Einfluss und bringt Ihnen Unglück.

Nr.20: Eine ältere Frau aus der Nachbarschaft oder Familie, zu der Sie guten Kontakt haben.

Nr.21: Eine ältere, häusliche Frau, zu der Sie guten Kontakt haben.

Nr.22: Eine ältere Frau und ein junger Mann (z.B. Mutter und Sohn, Oma und Enkelsohn) oder ein Paar mit großem Altersunterschied, zu dem Sie guten Kontakt haben.

Nr.23: Entscheidung wegen einer älteren Frau treffen. Ältere Frau trifft wegen Ihnen eine Entscheidung.

Nr.24: Kontakt zu einer älteren Frau geht verloren.

Nr.25: Ältere Frau spricht gut über Sie und verleiht Ihnen einen guten Ruf.

Nr.26: Eine ältere Frau bringt Ihnen viel Glück.

Nr.27: Eine ältere Frau macht Ihnen einen interessanten Vorschlag oder ein gutes Angebot.

Nr.28: Wegen einer älteren Frau sollten Sie sich noch gedulden.

Nr.29: Eine ältere Frau wirkt auf Sie einengend.

Nr.30: Sie bekommen Streit mit einer älteren Frau.

Nr.31: Eine ältere Frau ist krank und belastet Sie damit.

Nr.32: Eine ältere Frau bereitet Ihnen Kummer.

Nr.33: Eine ältere Frau ist egoistisch und bereitet Ihnen Ärger.

Nr.34: Ältere Frau ist fleißig und Ihnen gegenüber hilfsbereit. Ältere Arbeitskollegin, zu der Sie ein gutes Verhältnis haben.

Nr.35: Zu einer älteren Frau bleibt der Kontakt jahrelang bestehen.

Nr.36: Eine ältere Frau ist spirituell veranlagt und wird Sie in ihre Weltanschauung einführen.

Haus Nr.07 Angenehmer Brief

Das Haus der Gespräche und Nachrichten

Beschreibung:
Dieses Haus symbolisiert die Gespräche, die der Fragesteller führt oder wichtige Nachrichten und Dokumente, die er per Post oder E-Mail erhält.

Deutung der Kombinationen mit Haus Nr.07, Karte Nr.07

Nr.01 oder Nr.02: Sie oder Ihr HP erhalten wichtige Unterlagen. HP ist gesprächig.
Nr.03: Gespräche über die Beziehung oder über die Freundschaft.
Nr.04: Eine schriftliche oder telefonische Einladung.
Nr.05: Gespräche mit einem älteren Mann. Eine Nachricht von einem älteren Mann.
Nr.06: Gespräche mit einer älteren Frau. Eine Nachricht von einer älteren Frau.
Nr.07: Viele Gespräche. Wichtige Dokumente.
Nr.08: Ein Gespräch, das aus Lügen besteht. Fehlerhaftes Dokument.
Nr.09: Es wird über Veränderungen im Alltag gesprochen.
Nr.10: Schriftliche Reiseunterlagen. Führerschein.
Nr.11: Gespräche über Geld. Aktien, Wertbriefe, Gelddokumente.
Nr.12: Gespräche mit einer jüngeren Frau. Eine Nachricht von einer jüngeren Frau.
Nr.13: Gespräche in der Firma. Schriftliche Dokumente in der Firma.
Nr.14: Nachrichten und Gespräche stimmen pessimistisch.
Nr.15: Liebesbrief, Liebesgeständnis. Herzliche Gespräche.
Nr.16: Wegen einem Gespräch oder einem Dokument werden Sie sich viele Gedanken machen.

Nr.17: Eine überraschende Nachricht stimmt heiter.

Nr.18: Wichtige Neuigkeit, meistens positiv.

Nr.19: Schlimme Nachricht, die Sie schockiert oder ein Unfallbericht. In den wenigstens Fällen wird allerdings eine Todesnachricht angezeigt.

Nr.20: Gespräche wegen einem Haus. Dokumente von einem Haus.

Nr.21: Gemütliche Gespräche im trauten Heim. Gespräche wegen einer Wohnung. Dokumente von einer Wohnung.

Nr.22: Gespräche mit einem jüngeren Mann. Eine Nachricht von einem jüngeren Mann.

Nr.23: Mitteilung über eine Entscheidung.

Nr.24: Eine Nachricht ist lückenhaft. Eine wichtige Nachricht wird nicht ankommen. Dokumente gehen verloren.

Nr.25: Zeugnis, Urkunde, amtliche Bescheinigung. Brief von Behörde.

Nr.26: Freudige Nachricht, die lange erwartet wurde und besagt, dass alles ein gutes Ende nimmt.

Nr.27: Kaufvertrag. Schriftliches Angebot oder Dokument.

Nr.28: Ein wichtiges Gespräch wird erst in einigen Monaten geführt. Eine erwartete Nachricht wird erst in einigen Monaten kommen.

Nr.29: Vertrauliche Gespräche. Anonyme Anrufe, geheimnisvolle Mitteilungen.

Nr.30: Streitgespräche. Brief vom Anwalt.

Nr.31: Gespräche machen krank. Schriftlicher Befund vom Arzt.

Nr.32: Kummer und Sorgen werden in Gesprächen hochgespielt. Eine Mitteilung, die Kummer bereitet.

Nr.33: Üble Nachrede. Drohungen.

Nr.34: Bewerbung, Vorstellungsgespräch. Gespräche auf der Arbeit und über die Arbeit.

Nr.35: Lange Gespräche. Eine Informationsquelle, die Jahre anhält. Eine erhoffte Nachricht oder ein erhofftes Dokument wird erst in einigen Jahren eintreffen.

Nr.36: Deuten der Wahrsagekarten. Spirituelle Gespräche. Schriftliche Auswertung beim Astrologen.

Haus Nr.08 Falsche Person

Das Haus der Lügen

Beschreibung:
Dieses Haus symbolisiert Lügen, Unehrlichkeiten und Ungerechtigkeiten, mit denen der Fragesteller in seinem Alltag konfrontiert wird.
Dabei muss es sich aber nicht immer um bewusst hervorgerufene Missstände handeln. Oftmals sind es auch nur Fehler oder Irrtümer, die sich schnell klären lassen.

Deutung der Kombinationen mit Haus Nr.08, Karte Nr.08

Nr.01 oder Nr.02: Sie oder Ihr HP werden mit Lügen konfrontiert.
Nr.03: Eine unehrliche Partnerschaft. Etwas läuft in der Partnerschaft falsch. Klärende Aussprache ist notwendig.
Nr.04: Freunde und Bekannte sind unehrlich. Viel Klatsch und Tratsch.
Nr.05: Ein älterer Mann ist sehr unehrlich und fügt Ihnen durch seine Gespräche einen Rufschaden zu.
Nr.06: Eine ältere Frau ist äußerst unehrlich und fügt Ihnen durch ihre Gespräche einen Rufschaden zu.
Nr.07: Ein Gespräch, das aus Lügen besteht. Fehlerhaftes Dokument.
Nr.08: Viele Lügen und Irrtümer. Für die nächste Zeit ist Vorsicht und Misstrauen angesagt.
Nr.09: Veränderungen im Alltag wären in der nächsten Zeit nicht empfehlenswert.
Nr.10: Reiseunterlagen entsprechen nicht den Erwartungen. Fehler am Auto. Unvorsichtige Fahrweise.
Nr.11: Falsche Geldanlage. Fehler im Umgang mit Geld.
Nr.12: Eine junge Frau ist sehr unehrlich und fügt Ihnen durch ihre Gespräche einen Rufschaden zu.
Nr.13: In der Firma läuft einiges falsch. Firmenchef ist unehrlich.
Nr.14: Lügen führen zu körperlichen und seelischen Beschwerden.

Nr.15: In der Liebe sind die Gefühle nicht ernst gemeint. Vorsicht vor falschen Liebesversprechungen und herzlichen Freundschaften.

Nr.16: Gedanken wegen einer Lüge. Eine Lüge wird geplant.

Nr.17: Wegen einer Lüge wird viel gelacht. Ein Streich, der nicht böse gemeint ist.

Nr.18: Neuigkeiten sind nicht korrekt. Pflegekind, Adoptivkind.

Nr.19: Eine Lüge löst Angst und Schrecken aus.

Nr.20: Nachbarn und Verwandte sind unehrlich. Mit einem Haus ist etwas nicht in Ordnung.

Nr.21: Im engsten Familienkreis ist Unehrlichkeit angesagt. Mit der Wohnung stimmt etwas nicht.

Nr.22: Ein jüngerer Mann ist sehr unehrlich und fügt Ihnen durch seine Gespräche einen Rufschaden zu.

Nr.23: Entscheidung wegen einer Lüge treffen. Entscheidungen sollen nicht voreilig getroffen werden.

Nr.24: Die Lügen hören auf oder werden verdrängt. Eine Lüge bringt Verluste.

Nr.25: Ungerechtigkeiten und Irrtümer von einer Behörde. Ein falscher Beruf.

Nr.26: Eine Lüge oder ein Irrtum nimmt einen guten Ausgang.

Nr.27: Ein Angebot oder ein Vorschlag sollte genau überprüft werden.

Nr.28: In einigen Monaten kommt eine Lüge in Umlauf. Ist die Lüge da, wird sie noch einige Monate im Umlauf bleiben.

Nr.29: Die Lügen werden heimlich verbreitet.

Nr.30: Eine Lüge löst Auseinandersetzungen aus.

Nr.31: Seelische Krankheit. Krankheit ist nicht körperlichen Ursprungs. Diagnose ist fehlerhaft.

Nr.32: Lügen bereiten Kummer.

Nr.33: Aus Neid, Hass und Boshaftigkeit werden Lügen verbreitet, um einen erheblichen Schaden anzurichten.

Nr.34: Lügen auf der Arbeit. Fehler auf der Arbeit. Handwerkerpfusch.

Nr.35: Eine Lüge wird erst in ein bis zwei Jahren aufgeklärt.

Nr.36: Falscher spiritueller Weg. Fantasie und Realität können nicht voneinander unterschieden werden. Hirngespinste.

Haus Nr.09 Eine Veränderung

Das Haus der Veränderungen

Beschreibung:
Dieses Haus symbolisiert Veränderungen.
In welchem Bereich eine Veränderung stattfindet ist recht unterschiedlich und hängt meistens von den gegenwärtigen Plänen und Überlegungen des Fragestellers ab. Plant der Fragesteller z.B. eine berufliche Veränderung, sollte im Häusersystem diese Veränderung nur auf seinen Beruf bezogen werden.

Deutung der Kombinationen mit Haus Nr.09, Karte Nr.09

Nr.01 oder Nr.02: Sie oder Ihr HP machen große Veränderungen durch.
Nr.03: Eine Veränderung in der Partnerschaft. Eine Partnerschaft bringt Veränderungen im Alltag, auch Ortswechsel.
Nr.04: Veränderungen im Freundeskreis. Alte Freunde gehen, neue Freunde kommen.
Nr.05: Durch einen älteren Mann bringen Sie Veränderungen in den Alltag.
Nr.06: Durch eine ältere Frau bringen Sie Veränderungen in den Alltag.
Nr.07: Es wird über Veränderungen im Alltag gesprochen.
Nr.08: Veränderungen im Alltag wären in der nächsten Zeit nicht empfehlenswert.
Nr.09: Sehr viele Veränderungen. Veränderungen überschlagen sich.
Nr.10: Ein Urlaub bringt nachträglich Veränderungen im Alltag. Kann aber auch ein anderes Auto anzeigen.
Nr.11: Veränderungen sind mit hohen Kosten verbunden.
Nr.12: Tochter zieht weg. Durch eine jüngere Frau bringen Sie Veränderungen in Ihren Alltag.
Nr.13: Eine Firma ist im Wandel oder verlegt sogar ihren Firmensitz. Veränderungen in der Firma bringen Veränderungen in Ihrem Alltag.

Nr.14: Veränderungen rufen seelische Belastungen hervor.

Nr.15: Eine Liebe bringt Veränderungen.

Nr.16: Pläne und Gedanken wegen einer Veränderung.

Nr.17: Eine Veränderung bereichert den Alltag.

Nr.18: Veränderungen im Alltag bringen neue Impulse. Nachwuchs bringt Veränderungen mit sich.

Nr.19: Veränderungen sind in der nächsten Zeit nicht empfehlenswert. Veränderungen sollten wegen der Unfallgefahr nicht überstürzt werden.

Nr.20: Renovierungsarbeiten am Haus. Kann auch ein Umzug sein.

Nr.21: Renovierungsarbeiten in der Wohnung. Kann auch einen Umzug bedeuten.

Nr.22: Sohn zieht weg. Durch einen jüngeren Mann bringen Sie Veränderungen in Ihren Alltag.

Nr.23: Eine Entscheidung zur Veränderung.

Nr.24: Eine Veränderung bringt erhebliche Verluste.

Nr.25: Eine berufliche Veränderung. Kann z.B. eine Beförderung oder auch eine Umschulung sein.

Nr.26: Veränderungen bringen viele Vorteile.

Nr.27: Ein Angebot oder ein Vertrag bringt Veränderungen.

Nr.28: Für Veränderungen sollte noch einige Monate gewartet werden.

Nr.29: Veränderungen werden nicht so gerne vorgenommen.

Nr.30: Veränderungen lösen Gereiztheit und Streit aus.

Nr.31: Andauernde Veränderungen machen krank. Bei bestehender Erkrankung sollte eine Veränderung im Alltag vorgenommen werden.

Nr.32: Kummer wegen einer Veränderung. Veränderung bringt neuen Kummer.

Nr.33: Veränderungen rufen Neider hervor. Sind die Neider schon da, können Sie denen nur aus dem Weg gehen, indem Sie Veränderungen durchführen (z.B. andere Wohngegend, neue Hobbys oder Freunde).

Nr.34: Berufliche Veränderung. Kann z.B. eine neue Tätigkeit oder eine neue Abteilung anzeigen.

Nr.35: Große Veränderungen sollten erst in ein bis zwei Jahren vorgenommen werden.

Nr.36: Umzug in einen Ort mit einer anderen Mentalität. Umzug in ein anderes Bundesland oder Ausland. Oft zeigt diese Kombination auch einen Wandel der Weltanschauungen oder der spirituellen Sichtweisen.

Haus Nr.10 Eine Reise

Das Haus der Reisen und Fortbewegungsmittel

Beschreibung:
Dieses Haus symbolisiert eine Reise.
Sollte der Fragesteller keine Reise geplant haben, ist sie auch ein Symbol für Fortbewegungsmittel. Meistens ist es hierbei das eigene Auto, kann aber auch das Motorrad, Fahrrad oder ein öffentliches Verkehrsmittel sein.

Deutung der Kombinationen mit Haus Nr.10, Karte Nr.10

Nr.01 oder Nr.02: Sie oder Ihr HP sind auf Reise. Eine schöne Reise mit dem HP.
Nr.03: Hochzeitsreise. Eine Partnerschaft, in der viel gereist wird.
Nr.04: Eine Reise mit Freunden. Eine Reise in großer Gesellschaft.
Nr.05: Reise oder größere Fahrt mit einem älteren Mann.
Nr.06: Reise oder größere Fahrt mit einer älteren Frau.
Nr.07: Schriftliche Reiseunterlagen. Führerschein.
Nr.08: Reiseunterlagen entsprechen nicht den Erwartungen. Fehler am Auto. Unvorsichtige Fahrweise.
Nr.09: Ein Urlaub bringt nachträglich Veränderungen im Alltag. Kann aber auch ein anderes Auto anzeigen.
Nr.10: Viele Fahrten. Urlaub mit dem eigenen Auto.
Nr.11: Eine Luxusreise, bei der nicht gespart wird. Das Auto kostet viel Geld.
Nr.12: Reise oder größere Fahrt mit einer jüngeren Frau.
Nr.13: Die Firma hat mit Reisen oder mit Autos zu tun. Ein Kredit wegen dem Auto.
Nr.14: Eine belastende Reise. Das Auto hat kleine Mängel.
Nr.15: Eine Reise mit dem HP. Nette herzliche Bekanntschaft auf einer Reise, aus der sich durchaus eine feste Liebe entwickeln kann.

Nr.16: Reiseplanung, Reisevorbereitung. Gedanken wegen dem Auto.
Nr.17: Eine Reise oder Fahrt, bei der viel gelacht wird. Freude mit dem Auto.
Nr.18: Auf einer Reise gibt es Neuigkeiten. Neues Auto. Kann aber auch eine Reise mit einem Kind bedeuten.
Nr.19: Eine Reise mit vielen Hindernissen (Unfallgefahr). Vorsicht beim Autofahren, weil ein Verkehrsunfall droht.
Nr.20: Hotel, Ferienhaus, Wohnwagen oder Wohnmobil. Reise zu Verwandten.
Nr.21: Ferienwohnung. Gemütlicher Urlaub.
Nr.22: Reise oder größere Fahrt mit einem jüngeren Mann.
Nr.23: Entscheidung wegen einer Reise oder wegen einem Auto.
Nr.24: Verluste auf einer Reise. Eine Reise, die doch nicht stattfindet. Verluste am Auto.
Nr.25: Fahrschule, Bildungsreise oder ein sehr altes Auto.
Nr.26: Glückliche Reise. Glück mit dem Auto.
Nr.27: Reisevertrag. Kaufvertrag für das Auto.
Nr.28: Bis zur Reise sind noch einige Monate Geduld angesagt.
Nr.29: Einsamkeit und Langeweile während einer Reise. Kann aber auch Unsicherheit im Straßenverkehr anzeigen.
Nr.30: Streit auf einer Reise oder wegen einer Reise. Streit wegen dem Auto, weil Mängel vorhanden sind und die Reparatur teuer ist.
Nr.31: Kuraufenthalt. Krankheit im Urlaub. Das Auto hat Mängel.
Nr.32: Eine Reise bereitet Kummer. Das Auto bereitet Kummer.
Nr.33: Betrug auf einer Reise. Betrug wegen dem Auto. Gefährdung im Straßenverkehr durch egoistische und leichtsinnige Fahrweise.
Nr.34: Reparaturen am Auto. Beruflich viel unterwegs.
Nr.35: Eine sehr lange Reise. Kann auch eine Weltreise bedeuten. Das Auto wird mehrere Jahre erhalten bleiben.
Nr.36: Reise ins Ausland. Reise in eine andere Kultur, welche die spirituelle Sichtweise prägt. Kann aber auch Fantasiereisen bedeuten.

Haus Nr.11 Viel Geld gewinnen

Das Haus des Geldes

Beschreibung:
Dieses Haus symbolisiert das Geld sowie den materiellen Besitz. Es zeigt alle Lebensbereiche, die mit Geldausgaben oder auch Geldeinnahmen verbunden sind.

Deutung der Kombinationen mit Haus Nr.11, Karte Nr.11

Nr.01 oder Nr.02: Sie oder Ihr HP können gut mit Geld umgehen oder haben ein kleines Vermögen.
Nr.03: Guter Umgang mit Geld. Eine Partnerschaft, in der Geld eine wichtige Rolle spielt.
Nr.04: Treffen, um eine finanzielle Angelegenheit zu besprechen.
Nr.05: Älterer Mann gibt Ihnen Geld. Älterer Mann verursacht Kosten. Persönliche Umstände dieser Person sind ausschlaggebend, doch in den meisten Fällen ist die Deutung positiv.
Nr.06: Ältere Frau gibt Ihnen Geld. Ältere Frau verursacht Kosten. Persönliche Umstände dieser Person sind ausschlaggebend, doch in den meisten Fällen ist die Deutung positiv.
Nr.07: Gespräche über Geld. Aktien, Wertbriefe, Gelddokumente.
Nr.08: Falsche Geldanlage. Fehler im Umgang mit Geld.
Nr.09: Veränderungen sind mit hohen Kosten verbunden.
Nr.10: Eine Luxusreise, bei der nicht gespart wird. Das Auto kostet viel Geld.
Nr.11: Es kommen höhere Geldbeträge.
Nr.12: Jüngere Frau gibt Ihnen Geld. Jüngere Frau verursacht Kosten. Persönliche Umstände dieser Person sind ausschlaggebend.

Nr.13: Geld von der Bank. Die Finanzielle Situation wird durch einen Geldsegen abgesichert. Die Firma macht viel Gewinn.

Nr.14: Die finanzielle Situation belastet und könnte besser sein.

Nr.15: Großer Aufwand für die Liebe. Wertvolle Geschenke, die vom Herzen kommen.

Nr.16: Viele Gedanken und Pläne wegen dem Geld.

Nr.17: Finanzielle Überraschung. Wertvolles, unerwartetes Geschenk.

Nr.18: Neuer Geldzufluss. Für das Kind wird viel Geld bezahlt.

Nr.19: Schlagartiger finanzieller Wandel, positiv als auch negativ. Geldzufluss nach einem schicksalhaften Ereignis (z.b. Erbschaft oder Unfallversicherung).

Nr.20: Geldinvestition wegen einem Haus (Miete oder Kauf).

Nr.21: Geldinvestition wegen einer Wohnung (Miete oder Kauf).

Nr.22: Junger Mann gibt Ihnen Geld. Junger Mann verursacht Kosten. Persönliche Umstände dieser Person sind ausschlaggebend.

Nr.23: Eine finanzielle Entscheidung.

Nr.24: Finanzielle und materielle Verluste.

Nr.25: Lukrative Kapitalanlage über ein Institut. Rentennachzahlung. Bedeutet aber auch, dass durch eine gute Ausbildung der Lohn hoch ist.

Nr.26: Glück im finanziellen Bereich. Kann auch ein Lottogewinn sein.

Nr.27: Ein finanzieller Vertrag wird abgeschlossen (z.B. Kreditvertrag).

Nr.28: Für finanzielle Angelegenheiten und Entscheidungen sollte noch ein paar Monate gewartet werden.

Nr.29: Sparsamkeit.

Nr.30: Streit wegen dem Geld.

Nr.31: Finanzielle Lage ist schwierig und macht krank. Finanzielle Einbußen wegen einer Krankheit.

Nr.32: Finanzieller Kummer.

Nr.33: Neid oder egoistische Ausbeutung im finanziellen Bereich.

Nr.34: Guter Verdienst durch fleißige Arbeit oder Mehrarbeit. Kann auch, je nach Fragestellung, eine Geldanlage sein, die gut arbeitet.

Nr.35: Im finanziellen Bereich wird es die nächsten ein bis zwei Jahre keine Veränderungen geben. Geplante finanzielle Veränderungen sollen erst in einigen Jahren vorgenommen werden.

Nr.36: Unüberlegte Einkäufe, unnötige Geldausgaben. Bedeutet aber auch, dass durch den spirituellen Bereich Geld verdient wird.

Haus Nr.12 Reiches Mädchen

Das Haus der Tochter

Beschreibung:
Dieses Haus symbolisiert eine jüngere Frau, die starken Einfluss auf das Leben des Fragestellers hat. Je nach Lebenslage könnte es z.b. die eigene Tochter sein oder eine andere weibliche Person, die jünger ist (z.B. Freundin, Geliebte, Schwester, Enkeltochter, Schwägerin oder Kollegin).

Deutung der Kombinationen mit Haus Nr.12, Karte Nr.12

Nr.01 oder Nr.02: Sie oder Ihr HP haben eine starke Bindung zu einer jüngeren Frau.

Nr.03: Jüngere Frau ist zuverlässig. Freundschaft mit jüngerer Frau.

Nr.04: Eine jüngere Frau ist gerne in Ihrer Gesellschaft. Treffen mit einer jüngeren Frau.

Nr.05: Ein älterer Mann und eine jüngere Frau (z.B. Vater und Tochter, Opa und Enkeltochter) oder ein Paar mit großem Altersunterschied, zu dem Sie guten Kontakt haben.

Nr.06: Ältere und jüngere Frau (z.B. Mutter und Tochter), zu denen Sie guten Kontakt haben.

Nr.07: Gespräche mit einer jüngeren Frau. Eine Nachricht von einer jüngeren Frau.

Nr.08: Eine junge Frau ist sehr unehrlich und fügt Ihnen durch ihre Gespräche einen Rufschaden zu.

Nr.09: Durch eine jüngere Frau bringen Sie Veränderungen in Ihren Alltag.

Nr.10: Reise oder größere Fahrt mit einer jüngeren Frau.

Nr.11: Jüngere Frau gibt Ihnen Geld. Jüngere Frau verursacht Kosten. Persönliche Umstände dieser Person sind ausschlaggebend.

Nr.12: Zwei jüngere Frauen, zu denen Sie guten Kontakt haben.

Nr.13: Jüngere Frau gibt Ihnen Sicherheiten. Jüngere Sachbearbeiterin von der Bank gewährt Ihnen einen Kredit.

Nr.14: Eine jüngere Frau jammert viel und belastet Sie damit seelisch.

Nr.15: Eine jüngere Frau ist herzlich und liebenswert. Liebe oder tiefe Freundschaft zu einer jüngeren Frau.

Nr.16: Gedanken und Pläne wegen einer jüngeren Frau.

Nr.17: Eine jüngere Frau ist heiter und hebt Ihre Stimmung. Überraschung von einer jüngeren Frau.

Nr.18: Jüngere Frau hat Neuigkeiten. Jüngere, kinderliebe Frau oder jüngere Frau mit einem Kind, zu der Sie guten Kontakt haben. Bei Kinderwunsch oder Schwangerschaft wird das Kind ein Mädchen.

Nr.19: Eine junge Frau hat einen Schicksalsschlag, der Sie schockiert. Eine junge Frau hat negativen Einfluss und bringt Ihnen Unglück.

Nr.20: Eine jüngere Frau aus der Nachbarschaft oder Familie, zu der Sie guten Kontakt haben.

Nr.21: Eine jüngere, häusliche Frau, zu der Sie guten Kontakt haben.

Nr.22: Ein jüngeres Paar, zu dem Sie guten Kontakt haben.

Nr.23: Entscheidung wegen einer jüngeren Frau treffen. Jüngere Frau trifft wegen Ihnen eine Entscheidung.

Nr.24: Kontakt zu einer jüngeren Frau geht verloren.

Nr.25: Jüngere Frau spricht gut über Sie und verleiht Ihnen einen guten Ruf.

Nr.26: Eine jüngere Frau bringt Ihnen viel Glück.

Nr.27: Eine jüngere Frau macht Ihnen einen interessanten Vorschlag oder ein gutes Angebot.

Nr.28: Wegen einer jüngeren Frau sollten Sie sich noch gedulden.

Nr.29: Eine jüngere Frau wirkt auf Sie einengend.

Nr.30: Sie bekommen Streit mit einer jüngeren Frau.

Nr.31: Eine jüngere Frau ist krank und belastet Sie damit.

Nr.32: Eine jüngere Frau bereitet Ihnen Kummer.

Nr.33: Eine jüngere Frau ist egoistisch und bereitet Ihnen Ärger.

Nr.34: Jüngere Frau ist fleißig und Ihnen gegenüber hilfsbereit. Jüngere Arbeitskollegin, zu der Sie ein gutes Verhältnis haben.

Nr.35: Zu einer jüngeren Frau bleibt der Kontakt jahrelang bestehen.

Nr.36: Eine jüngere Frau ist spirituell veranlagt und wird Sie in ihre Weltanschauung einführen.

Haus Nr.13 Reicher guter Herr

Das Haus der Sicherheiten

Beschreibung:
Dieses Haus symbolisiert Sicherheiten, die in den meisten Fällen finanzieller Art sind.
Je nach Lebensumständen zeigt es entweder eine Firma, die eigene Selbstständigkeit oder auch die Bank, die bereit ist, dem Fragesteller einen Kredit zu gewähren.
Sollte der Fragesteller dauerhaft arbeitslos oder im Ruhestand sein, zeigt das Haus seine finanzielle oder materielle Stabilität.

Deutung der Kombinationen mit Haus Nr.13, Karte Nr.13

Nr.01 oder Nr.02: Sie oder Ihr HP leben in sicheren Verhältnissen. Eigene Firma.

Nr.03: Eine sichere Partnerschaft. Sollten Sie noch Single sein, kommt sehr bald eine neue Partnerschaft auf Sie zu, in der Sie auch finanziell abgesichert sind.

Nr.04: Besprechung in der Firma. Besprechung wegen einer Firma.

Nr.05: Ein älterer Mann gibt Ihnen Sicherheiten. Älterer Sachbearbeiter von der Bank gewährt Ihnen einen Kredit.

Nr.06: Eine ältere Frau gibt Ihnen Sicherheiten. Ältere Sachbearbeiterin von der Bank gewährt Ihnen einen Kredit.

Nr.07: Gespräche in der Firma. Schriftliche Dokumente in der Firma.

Nr.08: In der Firma läuft einiges falsch. Firmenchef ist unehrlich.

Nr.09: Eine Firma ist im Wandel oder verlegt sogar ihren Firmensitz. Veränderungen in der Firma bringen Veränderungen in Ihrem Alltag.

Nr.10: Die Firma hat mit Reisen oder mit Autos zu tun. Ein Kredit wegen dem Auto.

Nr.11: Geld von der Bank. Die Finanzielle Situation wird durch einen Geldsegen abgesichert. Die Firma macht viel Gewinn.

Nr.12: Jüngere Frau gibt Ihnen Sicherheiten. Jüngere Sachbearbeiterin von der Bank gewährt Ihnen einen Kredit.

Nr.13: Die Firma ist sehr gut abgesichert. Bank gibt Ihnen finanzielle Sicherheiten.

Nr.14: Die Firma leidet unter Belastungen. Mangelnde Sicherheiten belasten Sie. Die Bank zögert mit dem Kredit.

Nr.15: In der Liebe bekommen Sie Sicherheit und Vertrauen. Herzliche Verbundenheit zur Firma.

Nr.16: Finanzielle Sicherheitsgedanken. Firma macht Planungen.

Nr.17: In der Firma wird viel gelacht. Freude mit der Firma.

Nr.18: Neue Firma. Neues Konzept oder Erneuerung in der Firma.

Nr.19: Der Firma geht es schlecht. Konkurs oder Kündigung.

Nr.20: Firmengebäude. Das Haus ist finanziell gut abgesichert.

Nr.21: Büroräume. Eine Wohnung ist finanziell gut abgesichert.

Nr.22: Jüngerer Mann gibt Ihnen Sicherheiten. Jüngerer Sachbearbeiter von der Bank gewährt Ihnen einen Kredit.

Nr.23: Wichtige Entscheidungen in der Firma. Wichtige Entscheidung wegen einem Kredit.

Nr.24: Finanzielle Verluste in der Firma. Warnung vor einem Konkurs.

Nr.25: Die Firma ist ein alteingesessener Konzern oder arbeitet viel mit Geldanlagen. Kann aber auch bedeuten, dass eine Firma Schulungen und Seminare anbietet.

Nr.26: Der Firma geht es gut. Glück mit der Firma oder mit der Bank.

Nr.27: Vertrag mit einer Firma (Arbeitsvertrag, Kreditvertrag). Wichtiger Auftrag für die Firma.

Nr.28: Firma ist in abwartender Haltung. In einigen Monaten haben Sie Sicherheiten.

Nr.29: Firma hat Existenzsorgen. Firma ist mit Entscheidungen sehr zurückhaltend und vorsichtig. Sie bangen um Ihre Sicherheiten.

Nr.30: Schlechtes Betriebsklima. Streit mit der Firma oder Bank.

Nr.31: Die Firma leidet unter starken Belastungen.

Nr.32: Die Firma hat Kummer. Sorgen durch mangelnde Sicherheiten.

Nr.33: Firma oder Bank arbeitet mit unmoralischen Machenschaften. Firmenchef ist egoistisch und rücksichtslos.

Nr.34: Viel Arbeit in der Firma. Berufliche Tätigkeit bleibt bestehen.

Nr.35: Firma bleibt noch jahrelang bestehen. Sicherheiten bleiben noch die nächsten Jahre bestehen.

Nr.36: Firma arbeitet mit dem Ausland zusammen. Selbstständigkeit im spirituellen Bereich.

Haus Nr.14 Traurige Nachricht

Das Haus der Belastungen

Beschreibung:
Dieses Haus symbolisiert Belastungen und leichte Erkrankungen, die entweder körperlich oder auch seelisch bedingt sein können.
Meistens kommen diese Belastungen über kleine körperliche Gebrechen oder über das soziale und berufliche Umfeld des Fragestellers.

Deutung der Kombinationen mit Haus Nr.14, Karte Nr.14

Nr.01 oder Nr.02: Sie oder Ihr HP sind wehleidig oder leiden unter Belastungen.
Nr.03: Eine schwierige Partnerschaft, die belastet.
Nr.04: Freunde und Bekannte sind belastend. Depressive Stimmung im Freundeskreis macht Sie auch depressiv.
Nr.05: Ein älterer Mann jammert viel und belastet Sie damit seelisch.
Nr.06: Eine ältere Frau jammert viel und belastet Sie damit seelisch.
Nr.07: Nachrichten und Gespräche stimmen pessimistisch.
Nr.08: Lügen führen zu körperlichen und seelischen Beschwerden.
Nr.09: Veränderungen rufen seelische Belastungen hervor.
Nr.10: Eine belastende Reise. Das Auto hat kleine Mängel.
Nr.11: Die finanzielle Situation belastet und könnte besser sein.
Nr.12: Eine jüngere Frau jammert viel und belastet Sie damit seelisch.
Nr.13: Die Firma leidet unter Belastungen. Mangelnde Sicherheiten belasten Sie. Die Bank zögert mit dem Kredit.
Nr.14: Seelische und körperliche Belastungen nehmen kein Ende.
Nr.15: Leichter Liebeskummer, der zu seelischen Belastungen führt.
Nr.16: Negative, belastende Gedanken.
Nr.17: Seelische Belastungen und kleine körperliche Beschwerden sind nur kurzfristig oder werden schnell wieder verdrängt.

Nr.18: Erneuerungen im Alltag bringen nicht den gewünschten Erfolg. Das Kind ist wehleidig. Belastende Schwangerschaft.

Nr.19: Seelische Belastungen und körperliche Beschwerden werden sich nicht bessern, sondern verschlimmern und sollten durch einen Arzt behandelt werden.

Nr.20: Wohnliche Umgebung ist belastend. Haus hat leichte Mängel.

Nr.21: Unwohlbefinden in der eigenen Wohnung. Wohnung hat leichte Mängel.

Nr.22: Ein jüngerer Mann jammert viel und belastet Sie damit seelisch.

Nr.23: Entscheidung wegen einer andauernden Belastung.

Nr.24: Belastungen und leichte Erkrankungen gehen wieder vorbei.

Nr.25: Ausbildung ist belastend. Bedeutet aber auch, dass Belastungen und leichte Erkrankungen bleiben und mit der Zeit chronisch werden.

Nr.26: Guter Ausgang bei Belastungen und leichten Erkrankungen.

Nr.27: Ein Angebot oder Vertrag ist belastend und schwer zu erfüllen.

Nr.28: Belastungen und leichte Erkrankungen dauern einige Monate an.

Nr.29: Seelische Belastungen führen zum Rückzug in die Einsamkeit.

Nr.30: Ein empfindliches und gereiztes Nervenkostüm. Streit führt zu seelischen und körperlichen Belastungen.

Nr.31: Seelische Belastungen und leichte körperliche Beschwerden können zu ernsthaften Erkrankungen führen.

Nr.32: Seelische Belastungen und leichtere Erkrankungen bereiten Kummer.

Nr.33: Neid, Egoismus und negative Gedanken sind belastend.

Nr.34: Berufliche Tätigkeit ist belastend.

Nr.35: Belastungen und leichte Erkrankungen werden noch einige Jahre andauern.

Nr.36: Belastungen und Erkrankungen sind seelischen Ursprungs. Die Spiritualität führt nicht zum gewünschten Erfolg und löst seelische Beschwerden aus.

Achtung: An dieser Stelle möchte ich Ihnen noch den Hinweis geben, dass Wahrsagekarten nicht den Arzt ersetzen können. Deshalb sollten Sie bei psychischen und körperlichen Problemen und Erkrankungen immer einen Arzt oder Psychologen aufsuchen.

Haus Nr.15 Guter Ausgang in der Liebe

Das Haus der Liebe und der Herzlichkeit

Beschreibung:
Dieses Haus symbolisiert Liebe, Herzlichkeit und Harmonie, die durch das soziale Umfeld kommen. Bei Fragen zu einer bestehenden oder möglichen Partnerschaft, sagt es aus, wie sich die Gefühle in der nächsten Zeit entwickeln werden.

Deutung der Kombinationen mit Haus Nr.15, Karte Nr.15

Nr.01 oder Nr.02: Sie oder Ihr HP sind liebenswert oder auch verliebt.
Nr.03: Eine Partnerschaft, die auf wahrer Liebe basiert.
Nr.04: Rendezvous. Herzliche Verabredung mit Freunden.
Nr.05: Ein älterer Mann ist herzlich und liebenswert. Liebe oder tiefe Freundschaft zu einem älteren Mann.
Nr.06: Eine ältere Frau ist herzlich und liebenswert. Liebe oder tiefe Freundschaft zu einer älteren Frau.
Nr.07: Liebesbrief, Liebesgeständnis. Herzliche Gespräche.
Nr.08: In der Liebe sind die Gefühle nicht ernst gemeint. Vorsicht vor falschen Liebesversprechungen und herzlichen Freundschaften.
Nr.09: Eine Liebe bringt Veränderungen.
Nr.10: Eine Reise mit dem HP. Nette herzliche Bekanntschaft auf einer Reise, aus der sich durchaus eine feste Liebe entwickeln kann.
Nr.11: Großer Aufwand für die Liebe. Wertvolle Geschenke, die vom Herzen kommen.
Nr.12: Eine jüngere Frau ist herzlich und liebenswert. Liebe oder tiefe Freundschaft zu einer jüngeren Frau.
Nr.13: In der Liebe bekommen Sie Sicherheit und Vertrauen. Herzliche Verbundenheit zur Firma.
Nr.14: Leichter Liebeskummer, der zu seelischen Belastungen führt.

Nr.15: Die nächste Zeit wird von Liebe und Herzlichkeit dominiert.
Nr.16: Gedanken und Pläne wegen der Liebe.
Nr.17: Freudiges Ereignis in der Liebe. Freude an der Sexualität.
Nr.18: Eine neue Liebe. Kinderwunsch erfüllt sich bald.
Nr.19: Schock in der Liebe. Kann auch das plötzliche Ende einer Liebe bedeuten.
Nr.20: Stabile Liebe. Der Herzenspartner kommt aus der näheren wohnlichen Umgebung.
Nr.21: Stark ausgeprägte harmonische Liebe, die vom Familiensinn geprägt ist.
Nr.22: Ein jüngerer Mann ist herzlich und liebenswert. Liebe oder tiefe Freundschaft zu einem jüngeren Mann.
Nr.23: Eine herzliche Entscheidung wird getroffen. Eine Entscheidung in der Liebe wird getroffen.
Nr.24: Verlust in der Liebe. Kann aber auch materielle oder soziale Verluste wegen der Liebe bedeuten.
Nr.25: Eine alte Jugendliebe. Die Liebe baut auf Reife und Erfahrung.
Nr.26: Glück in der Liebe.
Nr.27: Ein Liebesantrag oder eine Liebesbezeugung. Ein herzliches Angebot, das angenommen werden sollte.
Nr.28: Für die Liebe ist noch etwas Geduld angesagt.
Nr.29: Heimliche Liebe. An die Liebe klammern. Liebe ist einengend und erdrückend.
Nr.30: Die Liebe steht unter einem hohen Erwartungsdruck. Streit und heftige Diskussionen wegen der Liebe.
Nr.31: Liebeskummer macht krank.
Nr.32: Kummer, weil die Liebe nicht erwidert wird.
Nr.33: Diese Liebe weist egoistische Züge auf. Starke Eifersucht.
Nr.34: Die berufliche Tätigkeit wird mit viel Freude ausgeführt. Wird nach der Liebe gefragt, zeigt es eine aktive Sexualität an.
Nr.35: Für die Liebe wird sehr viel Geduld gebraucht. In der Liebe wird sich die nächsten Jahre nicht viel ändern.
Nr.36: Herzliche Bindung zur Spiritualität. Die perfekte Liebe. Zeigt aber auch, dass die Liebe hauptsächlich in der Fantasie ausgelebt wird.

Haus Nr.16 Seine Gedanken

Das Haus der Gedanken

 **Beschreibung:**
Dieses Haus symbolisiert Gedanken und Pläne, die der Fragesteller wegen seinen Mitmenschen und seinem Alltag hat.

Deutung der Kombinationen mit Haus Nr.16, Karte Nr.16

Nr.01 oder Nr.02: Sie oder Ihr HP machen sich viele Gedanken oder schmieden Pläne.
Nr.03: Für diese Partnerschaft werden Pläne geschmiedet.
Nr.04: Pläne und Gedanken wegen einem Treffen oder wegen dem Freundeskreis.
Nr.05: Gedanken und Pläne wegen einem älteren Mann.
Nr.06: Gedanken und Pläne wegen einer älteren Frau.
Nr.07: Wegen einem Gespräch oder einem Dokument werden Sie sich viele Gedanken machen.
Nr.08: Gedanken wegen einer Lüge. Eine Lüge wird geplant.
Nr.09: Pläne und Gedanken wegen einer Veränderung.
Nr.10: Reiseplanung, Reisevorbereitung. Gedanken wegen dem Auto.
Nr.11: Viele Gedanken und Pläne wegen dem Geld.
Nr.12: Gedanken und Pläne wegen einer jüngeren Frau.
Nr.13: Finanzielle Sicherheitsgedanken. Firma macht Planungen.
Nr.14: Negative, belastende Gedanken.
Nr.15: Gedanken und Pläne wegen der Liebe.
Nr.16: Es werden sich sehr viele unnötige Gedanken gemacht.
Nr.17: Pläne wegen einer Überraschung. Positive Gedanken.
Nr.18: Gedanken wegen einem Neuanfang. Kinderwunschgedanken.

Nr.19: Negative Gedanken. Trennungsgedanken. Große Angst vor Schicksalsschlägen.

Nr.20: Pläne und Gedanken wegen einem Haus oder der wohnlichen Umgebung. Gedanken wegen den Verwandten.

Nr.21: Pläne und Gedanken wegen der Wohnung. Pläne und Gedanken wegen dem engsten Familienkreis.

Nr.22: Gedanken und Pläne wegen einem jüngeren Mann.

Nr.23: Gedanken wegen einer wichtigen Entscheidung, die getroffen werden sollte.

Nr.24: Verlustgedanken. Gedanken und Pläne werden verworfen.

Nr.25: Gedanken und Pläne wegen einer beruflichen Verbesserung. Gedanken und Pläne wegen einer Fortbildung oder Schulung.

Nr.26: Glückliche und optimistische Gedanken und Pläne, die auf jeden Fall in die Tat umgesetzt werden sollen.

Nr.27: Gedanken und Pläne wegen einem Angebot oder einem Vertrag.

Nr.28: Pläne sollten erst in einigen Monaten umgesetzt werden.

Nr.29: Gedanken wegen der Einsamkeit. Unsicherheit, um Gedanken und Pläne in die Tat umzusetzen.

Nr.30: Pläne, um ein klärendes Gespräch zu führen. Gedanken wegen einer Auseinandersetzung.

Nr.31: Gedanken wegen Krankheiten. Gedanken sind sehr negativ und machen auf Dauer krank.

Nr.32: In Kummer und Sorgen vertieft, die aber oft unbegründet sind.

Nr.33: Negative Gedanken wegen Ungerechtigkeit, Neid, Missgunst und Egoismus.

Nr.34: Gedanken und Pläne wegen der beruflichen Tätigkeit.

Nr.35: Gedanken und Pläne sollten erst in einigen Jahren umgesetzt werden.

Nr.36: Einbildung und Hirngespinste. Unrealistische Pläne. Sind es jedoch spirituelle oder esoterische Pläne und Gedanken, können diese getrost umgesetzt werden.

Haus Nr.17 Geschenk bekommen

Das Haus der Freude

Beschreibung:
Dieses Haus symbolisiert Freude, Überraschungen und Optimismus. Zusätzlich sagt es auch aus, dass negative Ereignisse bald einen positiven Ausgang bekommen.

Deutung der Kombinationen mit Haus Nr.17, Karte Nr.17

Nr.01 oder Nr.02: Sie oder Ihr HP lachen gerne und sind für Späße zu haben. Eine Überraschung vom HP.
Nr.03: In dieser Partnerschaft ist Heiterkeit und Frohsinn angesagt.
Nr.04: Feier. Im Freundeskreis wird viel gelacht.
Nr.05: Ein älterer Mann ist heiter und hebt Ihre Stimmung. Überraschung von einem älteren Mann.
Nr.06: Eine ältere Frau ist heiter und hebt Ihre Stimmung. Überraschung von einer älteren Frau.
Nr.07: Eine überraschende Nachricht stimmt heiter.
Nr.08: Wegen einer Lüge wird gelacht. Ein Streich, der nicht böse gemeint ist.
Nr.09: Eine Veränderung bereichert den Alltag.
Nr.10: Eine Reise oder Fahrt, bei der viel gelacht wird. Freude mit dem Auto.
Nr.11: Finanzielle Überraschung. Wertvolles, unerwartetes Geschenk.
Nr.12: Eine jüngere Frau ist heiter und hebt Ihre Stimmung. Überraschung von einer jüngeren Frau.
Nr.13: In der Firma wird viel gelacht. Freude mit der Firma.
Nr.14: Seelische Belastungen und kleine körperliche Beschwerden sind nur kurzfristig oder werden schnell wieder verdrängt.

Nr.15: Freudiges Ereignis in der Liebe. Freude an der Sexualität.
Nr.16: Pläne wegen einer Überraschung. Positive Gedanken.
Nr.17: Eine heitere, beschwingte Zeit, in der es viel zu lachen gibt.
Nr.18: Überraschende Neuigkeit bereichert und beschwingt den Alltag.
Kinderwunsch geht in Erfüllung.
Nr.19: Beinaheunfall. Ein freudiger Schrecken, der durch einen Streich
hervorgerufen wird. Ein schlimmes Ereignis nimmt ein gutes Ende.
Nr.20: Eine Familie oder Nachbarschaft, wo viel gelacht wird.
Nr.21: In der Wohnung und im engsten Familienkreis wird viel gelacht.
Nr.22: Ein jüngerer Mann ist heiter und hebt Ihre Stimmung.
Überraschung von einem jüngeren Mann.
Nr.23: Überraschende, freudige Entscheidung. Positive, optimistische
Entscheidungen treffen. Entscheidung wird positiv.
Nr.24: Verluste werden durch Optimismus wieder verdrängt.
Nr.25: Eine Ausbildung oder Schulung, die viel Spaß macht. Berufliche
Stellung ist überaus positiv. Erfolgreiche Prüfung.
Nr.26: Freude, Glück und Zufriedenheit. Positive Alltagsereignisse
werden geschätzt.
Nr.27: Ein gutes Angebot, das viel Freude bereitet.
Nr.28: Freude und Optimismus bleiben noch einige Monate bestehen.
Ist das gegenwärtige seelische Wohlbefinden negativ, kehrt die Freude
nach einigen Monaten wieder zurück.
Nr.29: Die eigene Unsicherheit wird durch Lachen verdrängt. Freude
und Optimismus bleiben auch in Zukunft bestehen.
Nr.30: Ein Streit mit einem freudigen Ausgang.
Nr.31: Krankheit wird mit optimistischen Gedanken besiegt. Eine
Erkrankung nimmt sehr bald einen guten Ausgang.
Nr.32: Kummer und Sorgen werden mit optimistischen Gedanken
verdrängt. Kummer ist unbegründet und geht bald vorbei.
Nr.33: Mitmenschen wollen Sie ärgern und treiben Schabernack.
Nr.34: Freude im Beruf. Gute Zusammenarbeit.
Nr.35: Freude und Optimismus bleiben noch jahrelang bestehen. Ist die
gegenwärtige Situation negativ, dauert es noch ein bis zwei Jahre, bis
die Freude wieder zurückkehrt.
Nr.36: Optimistische Träume und Vorstellungen. Rege Fantasien.
Freude mit Spiritualität und Esoterik.

Haus Nr.18 Ein kleines Kind

Das Haus des Neubeginns

Beschreibung:
Dieses Haus symbolisiert den Neubeginn.
In welchem Lebensbereich dieser Neubeginn ist, hängt immer von der jeweiligen Frage ab.
Beim Kinderwunsch zeigt das Haus eine baldige Schwangerschaft oder ein kleines Kind.

Deutung der Kombinationen mit Haus Nr.18, Karte Nr.18

Nr.01 oder Nr.02: Sie oder Ihr HP erhalten Neuigkeiten. Bedeutet auch, dass Sie oder Ihr HP den Umgang mit Kindern lieben oder bald Nachwuchs erwarten.
Nr.03: Eine neue Partnerschaft. In der bestehenden Partnerschaft kann sich bald Nachwuchs ankündigen.
Nr.04: Neuer Freundeskreis. Freunde haben wichtige Neuigkeiten.
Nr.05: Älterer Mann hat Neuigkeiten. Älterer, kinderlieber Mann oder älterer Mann mit einem Kind, zu dem Sie guten Kontakt haben.
Nr.06: Ältere Frau hat Neuigkeiten. Ältere, kinderliebe Frau oder ältere Frau mit einem Kind, zu der Sie guten Kontakt haben.
Nr.07: Wichtige Neuigkeit, meistens positiv.
Nr.08: Neuigkeiten sind nicht korrekt. Pflegekind, Adoptivkind.
Nr.09: Veränderungen im Alltag bringen neue Impulse. Nachwuchs bringt Veränderungen mit sich.
Nr.10: Auf einer Reise gibt es Neuigkeiten. Neues Auto. Kann aber auch eine Reise mit einem Kind bedeuten.
Nr.11: Neuer Geldzufluss. Für das Kind wird viel Geld bezahlt.
Nr.12: Jüngere Frau hat Neuigkeiten. Jüngere, kinderliebe Frau oder jüngere Frau mit einem Kind, zu der Sie guten Kontakt haben. Bei Kinderwunsch oder Schwangerschaft wird das Kind ein Mädchen.

Nr.13: Neue Firma. Neues Konzept oder Erneuerung in der Firma.
Nr.14: Erneuerungen im Alltag bringen nicht den gewünschten Erfolg.
Das Kind ist wehleidig. Belastende Schwangerschaft.
Nr.15: Eine neue Liebe. Kinderwunsch erfüllt sich bald.
Nr.16: Gedanken wegen einem Neuanfang. Kinderwunschgedanken.
Nr.17: Überraschende Neuigkeit bereichert und beschwingt den Alltag.
Kinderwunsch geht in Erfüllung.
Nr.18: In der nächsten Zeit gibt es viele Neuigkeiten und Neuanfänge.
Kinderwunsch geht in Erfüllung, evtl. auch Zwillinge.
Nr.19: Neuigkeiten rufen einen Schreck hervor. Ein Neubeginn könnte
negativ enden. Nach einem schlimmen Ereignis kommt ein Neubeginn.
Nr.20: Neuigkeiten im Haus. Renovierung, Umbau oder Umzug. Neue
Nachbarn. Kinder im Haus.
Nr.21: Neuigkeiten in der Wohnung. Renovierung oder Umzug. Kinder
in der Wohnung.
Nr.22: Jüngerer Mann hat Neuigkeiten. Junger, kinderlieber Mann oder
junger Mann mit einem Kind, zu dem Sie guten Kontakt haben. Bei
Kinderwunsch oder einer Schwangerschaft wird das Kind ein Junge.
Nr.23: Eine Entscheidung wegen einem Neubeginn oder einem Kind.
Nr.24: Neubeginn bringt Verluste. Nach Verlusten kommt Neubeginn.
Nr.25: Neuer Beruf. Fortbildungsmaßnahme. Kindergarten, Schule.
Nr.26: Neuigkeiten bringen Glück. Kinderwunsch geht in Erfüllung.
Nr.27: Neues Angebot. Neuer Vertrag.
Nr.28: In paar Monaten kommen Neuigkeiten. Beim Kinderwunsch
kann es noch einige Monate bis zur Schwangerschaft dauern.
Nr.29: Neuigkeiten werden verschwiegen. Angst vor einem Neubeginn.
Nr.30: Neue Streitereien. Kind ist streitsüchtig. Streit wegen dem Kind.
Nr.31: Neue Erkrankungen. Kränkelndes Kind. Eine belastende oder
schwierige Schwangerschaft.
Nr.32: Neuer Kummer. Sorgen wegen Neubeginn. Kind macht Sorgen.
Nr.33: Neue Betrügereien, die aus Neid entstehen. Kind ist egoistisch.
Nr.34: Neue berufliche Tätigkeit. Tätigkeit mit Kindern.
Nr.35: In ein paar Jahren kommt ein Neubeginn. Kinderwunsch wird
sich erst in ein bis zwei Jahren erfüllen.
Nr.36: Pläne für einen Neubeginn sind unrealistisch. Neubeginn im
spirituellen Bereich. Beim bestehenden Kinderwunsch kommt es bald
zu einer Schwangerschaft.

Haus Nr.19 Ein Todesfall

Das Haus des Todes

Beschreibung:
Dieses Haus symbolisiert den Tod, womit jedoch nicht der körperliche Tod gemeint ist, sondern eine Lebensphase, die zu Ende geht. Mit diesem Haus werden auch schlimme Ereignisse, Unfälle und seelische Nöte des Fragestellers angezeigt.

Anmerkung:
Der körperliche Tod ist aus Wahrsagekarten nicht ersichtlich, weil diese nur die unsterbliche Seele des Fragestellers zeigen.

Deutung der Kombinationen mit Haus Nr.19, Karte Nr.19

Nr.01 oder Nr.02: Sie oder Ihr HP haben eine schwierige Zeit vor sich. Kann aber auch Unfallgefahr bedeuten.
Nr.03: Schock in der Partnerschaft. Kann auch Trennung bedeuten.
Nr.04: Freunde haben einen negativen Einfluss und sind mit Vorsicht zu genießen.
Nr.05: Ein älterer Mann hat einen Schicksalsschlag, der Sie schockiert. Ein älterer Mann hat negativen Einfluss und bringt Ihnen Unglück.
Nr.06: Eine ältere Frau hat einen Schicksalsschlag, der Sie schockiert. Eine ältere Frau hat negativen Einfluss und bringt Ihnen Unglück.
Nr.07: Schlimme Nachricht, die Sie schockiert oder ein Unfallbericht. In den wenigstens Fällen wird allerdings eine Todesnachricht angezeigt.
Nr.08: Eine Lüge löst Angst und Schrecken aus.
Nr.09: Veränderungen sind in der nächsten Zeit nicht empfehlenswert. Veränderungen sollten wegen der Unfallgefahr nicht überstürzt werden.
Nr.10: Eine Reise mit vielen Hindernissen (Unfallgefahr). Vorsicht beim Autofahren, weil ein Verkehrsunfall droht.
Nr.11: Schlagartiger finanzieller Wandel, positiv als auch negativ. Geldzufluss nach einem schicksalhaften Ereignis (z.B. Erbschaft oder Unfallversicherung).

Nr.12: Eine junge Frau hat einen Schicksalsschlag, der Sie schockiert. Eine junge Frau hat negativen Einfluss und bringt Ihnen Unglück.

Nr.13: Der Firma geht es schlecht. Konkurs oder Kündigung.

Nr.14: Seelische Belastungen und körperliche Beschwerden werden sich nicht bessern, sondern verschlimmern und sollten durch einen Arzt behandelt werden.

Nr.15: Schock in der Liebe. Kann auch das Ende einer Liebe bedeuten.

Nr.16: Negative Gedanken. Trennungsgedanken. Große Angst vor Schicksalsschlägen.

Nr.17: Beinaheunfall. Ein freudiger Schrecken, der durch einen Streich hervorgerufen wird. Ein schlimmes Ereignis nimmt ein gutes Ende.

Nr.18: Neuigkeiten rufen einen Schreck hervor. Ein Neubeginn könnte negativ enden. Nach einem schlimmen Ereignis kommt ein Neubeginn.

Nr.19: Eine negative Zeit, die aber meistens nur seelisch bedingt ist.

Nr.20: Angst und Unfallgefahr im Haus.

Nr.21: Angst und Unfallgefahr in der Wohnung.

Nr.22: Ein junger Mann hat einen Schicksalsschlag, der Sie schockiert. Ein junger Mann hat negativen Einfluss und bringt Ihnen Unglück.

Nr.23: Eine schicksalhafte Entscheidung (z.B. Trennung).

Nr.24: Verluste rufen einen großen Schreck hervor.

Nr.25: Berufliche Anerkennung geht verloren. Berufliche Verluste.

Nr.26: Glück im Unglück.

Nr.27: Ein positiv wirkendes Angebot sollte genau überprüft werden. Ein Angebot oder Vertrag kommt nicht zustande.

Nr.28: In ein paar Monaten könnten Sie mit einem Schrecken oder einem Unfall konfrontiert werden.

Nr.29: Angst vor Einsamkeit. Angst vor schicksalhaften Ereignissen.

Nr.30: Heftige und belastende Auseinandersetzungen.

Nr.31: Eine ernste Erkrankung sollte durch den Arzt behandelt werden.

Nr.32: Ein schicksalhaftes Ereignis bringt Kummer.

Nr.33: Betrug oder Neid löst einen großen Schaden aus.

Nr.34: Unfallgefahr auf der Arbeit. Das Ende der beruflichen Tätigkeit.

Nr.35: Negative Ereignisse und deren seelische Belastungen werden noch paar Jahre andauern, aber dann kommt die Zeit der Besserung.

Nr.36: Negative und belastende Fantasien. Schwerer Pessimismus. Vorsicht vor spirituellen und okkulten Handlungen, weil ein seelischer Rückschlag droht, der schwere psychische Erkrankungen zur Folge hat.

Haus Nr.20 Haus

Das Haus der Stabilität

Beschreibung:
Dieses Haus symbolisiert die Stabilität, wobei es aber nicht nur den materiellen, sondern auch den sozialen Bereich anzeigt. Oftmals bezieht sich der materielle Bereich auf den Besitz oder das Haus des Fragestellers und der soziale Bereich auf seine Familie und die wohnliche Umgebung, in der er sich zu Hause fühlt.

Deutung der Kombinationen mit Haus Nr.20, Karte Nr.20

Nr.01 oder Nr.02: Sie oder Ihr HP sind seelisch stabil und familiär. Kann auch ein Haus bedeuten, welches Sie oder Ihr HP bald haben.
Nr.03: Immobilienerwerb in der Partnerschaft. Diese Partnerschaft ist stabil und familiär geprägt.
Nr.04: Freunde in der Nachbarschaft. Familientreffen.
Nr.05: Ein älterer Mann aus der Nachbarschaft oder Familie, zu dem Sie guten Kontakt haben.
Nr.06: Eine ältere Frau aus der Nachbarschaft oder Familie, zu der Sie guten Kontakt haben.
Nr.07: Gespräche wegen einem Haus. Dokumente von einem Haus.
Nr.08: Nachbarn und Verwandte sind unehrlich. Mit einem Haus ist etwas nicht in Ordnung.
Nr.09: Renovierungsarbeiten am Haus. Kann auch ein Umzug sein.
Nr.10: Hotel, Ferienhaus, Wohnwagen oder Wohnmobil. Reise zu Verwandten.
Nr.11: Geldinvestition wegen einem Haus (Miete oder Kauf).
Nr.12: Eine jüngere Frau aus der Nachbarschaft oder Familie, zu der Sie guten Kontakt haben.
Nr.13: Firmengebäude. Das Haus ist finanziell gut abgesichert.
Nr.14: Wohnliche Umgebung ist belastend. Haus hat leichte Mängel.

Nr.15: Stabile Liebe. Der Herzenspartner kommt aus der näheren wohnlichen Umgebung.

Nr.16: Pläne und Gedanken wegen einem Haus oder der wohnlichen Umgebung. Gedanken wegen den Verwandten.

Nr.17: Eine Familie oder Nachbarschaft, wo viel gelacht wird.

Nr.18: Neuigkeiten im Haus. Renovierung, Umbau oder Umzug. Neue Nachbarn. Kinder im Haus.

Nr.19: Angst und Unfallgefahr im Haus.

Nr.20: Stabile Verhältnisse im sozialen und familiären Bereich.

Nr.21: Eine Wohnung in einer familiären Umgebung.

Nr.22: Ein jüngerer Mann aus der Nachbarschaft oder Familie, zu dem Sie guten Kontakt haben.

Nr.23: Entscheidung wegen einem Haus, der häuslichen Umgebung oder wegen den Verwandten.

Nr.24: Materielle Verluste im Haus. Soziale Kontakte in der häuslichen Umgebung gehen verloren.

Nr.25: Ein altes Haus. Öffentliches Gebäude. Verwandtschaft und Nachbarschaft ist gut gebildet und verleiht Ihnen hohes Ansehen.

Nr.26: Glück wegen einem Haus oder wegen der Nachbarschaft. Glück durch Verwandte.

Nr.27: Mietvertrag oder Kaufvertrag wegen einem Haus. Gutes Angebot aus der wohnlichen Umgebung.

Nr.28: Wegen der wohnlichen Umgebung sollten Sie sich gedulden. Mit dem geplanten Hauskauf sollte noch paar Monate gewartet werden.

Nr.29: Einsamkeit im Haus. Unsicherheit wegen der Nachbarschaft.

Nr.30: Streit wegen einem Haus. Streit mit Nachbarn und Verwandten.

Nr.31: Ein Haus mit Mängeln. Kränkelnde Verwandtschaft belastet.

Nr.32: Kummer wegen einem Haus. Nachbarn und Verwandte bereiten Kummer.

Nr.33: Betrug wegen einem Haus. Neidische und egoistische Nachbarn.

Nr.34: Arbeiten am Haus. Hilfe innerhalb der Verwandtschaft. Hilfe aus der wohnlichen Umgebung.

Nr.35: Mehrere Jahre mit einem Haus konfrontiert werden. Mit einem geplanten Hauskauf sollte noch ein bis zwei Jahre gewartet werden.

Nr.36: Pläne wegen einem Haus werden unrealistisch sein. Nachbarn haben eine ungewohnte Mentalität oder Verhaltensweise. Bedeutet aber auch, dass die Nachbarn spirituell veranlagt sind.

Haus Nr.21 Wohnzimmer

Das Haus der Wohnung

Beschreibung:
Dieses Haus symbolisiert die Wohnung und die Familienmitglieder, mit denen der Fragesteller das Zuhause teilt. Oftmals zeigt es auch Häuslichkeit, Gemütlichkeit und Ruhe an.

Deutung der Kombinationen mit Haus Nr.21, Karte Nr.21

Nr.01 oder Nr.02: Sie oder Ihr HP sind bequem und halten sich am liebsten zu Hause auf.

Nr.03: Eine idyllische Partnerschaft, in der aber kaum Unternehmungen gemacht werden.

Nr.04: Gemütliches Beisammensein. Freunde sind sehr gemütlich.

Nr.05: Ein älterer, häuslicher Mann, zu dem Sie guten Kontakt haben.

Nr.06: Eine ältere, häusliche Frau, zu der Sie guten Kontakt haben.

Nr.07: Gemütliche Gespräche im trauten Heim. Gespräche wegen einer Wohnung. Dokumente von einer Wohnung.

Nr.08: Im engsten Familienkreis ist Unehrlichkeit angesagt. Mit der Wohnung stimmt etwas nicht.

Nr.09: Renovierungsarbeiten in der Wohnung. Kann auch einen Umzug bedeuten.

Nr.10: Ferienwohnung. Gemütlicher Urlaub.

Nr.11: Geldinvestition wegen einer Wohnung (Miete oder Kauf).

Nr.12: Eine jüngere, häusliche Frau, zu der Sie guten Kontakt haben.

Nr.13: Büroräume. Eine Wohnung ist finanziell gut abgesichert.

Nr.14: Unwohlbefinden in der eigenen Wohnung. Wohnung hat leichte Mängel.

Nr.15: Stark ausgeprägte harmonische Liebe, die vom Familiensinn geprägt ist.

Nr.16: Pläne und Gedanken wegen der Wohnung. Pläne und Gedanken wegen dem engsten Familienkreis.

Nr.17: In der Wohnung und im engsten Familienkreis wird viel gelacht.

Nr.18: Neuigkeiten in der Wohnung. Renovierung oder Umzug. Kinder in der Wohnung.

Nr.19: Angst und Unfallgefahr in der Wohnung.

Nr.20: Eine Wohnung in einer familiären Umgebung.

Nr.21: Eine Wohnung, wo jeder für sich alleine lebt. Kann aber auch eine Wohngemeinschaft anzeigen.

Nr.22: Ein jüngerer, häuslicher Mann, zu dem Sie guten Kontakt haben.

Nr.23: Eine Entscheidung bezüglich der Wohnung oder dem engsten Familienkreis treffen.

Nr.24: Verluste in der Wohnung. Verluste im engsten Familienkreis.

Nr.25: Wohnung wird beruflich genutzt. Ältere Familienmitglieder.

Nr.26: Ein glückliches Zuhause. Eine glückliche Familie.

Nr.27: Mietvertrag oder Kaufvertrag wegen einer Wohnung. Vereinbarung im engsten Familienkreis (z.B. Hausordnung, Hausplan).

Nr.28: Wegen dem engsten Familienkreis sollten Sie sich gedulden. Wegen einer Wohnung sollte noch paar Monate gewartet werden.

Nr.29: Einsamkeit in der Wohnung. Familie ist einengend.

Nr.30: Starke Unruhe in der Wohnung. Streit im engsten Familienkreis.

Nr.31: Wohnung hat Mängel. Krankheiten im engsten Familienkreis sind belastend.

Nr.32: Kummer wegen dem engsten Familienkreis. Kummer wegen der Wohnung.

Nr.33: Negative Gedanken in der Wohnung. Engster Familienkreis ist durch Neid und Egoismus geprägt.

Nr.34: Renovierungsarbeiten in der Wohnung. Perfekte Arbeitsteilung im Haushalt.

Nr.35: Wohnung bleibt Jahre bestehen. Mit wohnlichen Veränderungen sollte noch ein bis zwei Jahre gewartet werden.

Nr.36: Träume, Fantasien oder spirituelle Handlungen in den eigenen vier Wänden. Familie ist spirituell veranlagt.

Haus Nr.22 Militärperson

Das Haus des Sohnes

Beschreibung:
Dieses Haus symbolisiert einen jungen Mann, der starken Einfluss auf das Leben des Fragestellers hat. Je nach Lebenslage könnte es der eigene Sohn sein oder auch eine andere männliche Person, die jünger ist (Enkelsohn, jüngerer Freund, Schwager, Bruder, Geliebter oder Arbeitskollege).

Deutung der Kombinationen mit Haus Nr.22, Karte Nr.22

Nr.01 oder Nr.02: Sie oder Ihr HP haben eine starke Bindung zu einem jüngeren Mann. Kann aber auch den jüngeren Liebhaber bedeuten.
Nr.03: Jüngerer Mann ist zuverlässig. Freundschaft mit jungem Mann.
Nr.04: Ein jüngerer Mann ist gerne in Ihrer Gesellschaft.
Nr.05: Ein älterer und ein jüngerer Mann (z.B. Vater und Sohn oder Opa und Enkelsohn), zu denen Sie guten Kontakt haben.
Nr.06: Eine ältere Frau und ein junger Mann (z.B. Mutter und Sohn, Oma und Enkelsohn) oder ein Paar mit großem Altersunterschied, zu dem Sie guten Kontakt haben.
Nr.07: Gespräche mit einem jüngeren Mann. Eine Nachricht von einem jüngeren Mann.
Nr.08: Ein jüngerer Mann ist sehr unehrlich und fügt Ihnen durch seine Gespräche einen Rufschaden zu.
Nr.09: Der Sohn zieht weg. Durch einen jüngeren Mann bringen Sie Veränderungen in Ihren Alltag.
Nr.10: Reise oder größere Fahrt mit einem jüngeren Mann.
Nr.11: Junger Mann gibt Ihnen Geld. Junger Mann verursacht Kosten. Persönliche Umstände dieser Person sind ausschlaggebend.
Nr.12: Ein jüngeres Paar, zu dem Sie guten Kontakt haben.

Nr.13: Jüngerer Mann gibt Ihnen Sicherheiten. Jüngerer Sachbearbeiter von der Bank gewährt Ihnen einen Kredit.
Nr.14: Ein jüngerer Mann jammert viel und belastet Sie damit seelisch.
Nr.15: Ein jüngerer Mann ist herzlich und liebenswert. Liebe oder tiefe Freundschaft zu einem jüngeren Mann.
Nr.16: Gedanken und Pläne wegen einem jüngeren Mann.
Nr.17: Ein jüngerer Mann ist heiter und hebt Ihre Stimmung. Überraschung von einem jüngeren Mann.
Nr.18: Jüngerer Mann hat Neuigkeiten. Junger, kinderlieber Mann oder junger Mann mit einem Kind, zu dem Sie guten Kontakt haben. Bei Kinderwunsch oder einer Schwangerschaft wird das Kind ein Junge.
Nr.19: Ein junger Mann hat einen Schicksalsschlag, der Sie schockiert. Ein junger Mann hat negativen Einfluss und bringt Ihnen Unglück.
Nr.20: Ein jüngerer Mann aus der Nachbarschaft oder Familie, zu dem Sie guten Kontakt haben.
Nr.21: Ein jüngerer, häuslicher Mann, zu dem Sie guten Kontakt haben.
Nr.22: Zwei junge Männer, zu denen Sie guten Kontakt haben.
Nr.23: Entscheidung wegen einem jüngeren Mann treffen. Jüngerer Mann trifft wegen Ihnen eine Entscheidung.
Nr.24: Kontakt zu einem jüngeren Mann geht verloren.
Nr.25: Ein jüngerer Mann spricht gut über Sie und verleiht Ihnen einen guten Ruf.
Nr.26: Ein jüngerer Mann bringt Ihnen Glück.
Nr.27: Ein jüngerer Mann macht Ihnen einen interessanten Vorschlag oder ein gutes Angebot.
Nr.28: Wegen einem jüngeren Mann sollten Sie sich noch gedulden.
Nr.29: Ein jüngerer Mann wirkt auf Sie einengend.
Nr.30: Sie bekommen Streit mit einem jüngeren Mann.
Nr.31: Ein jüngerer Mann ist krank und belastet Sie damit.
Nr.32: Ein jüngerer Mann bereitet Ihnen Kummer.
Nr.33: Ein jüngerer Mann ist egoistisch und bereitet Ihnen Ärger.
Nr.34: Jüngerer Arbeitskollege. Ein jüngerer Mann ist fleißig.
Nr.35: Der Kontakt zu einem jüngeren Mann bleibt jahrelang bestehen.
Nr.36: Ein jüngerer Mann ist spirituell veranlagt und wird Sie in seine Weltanschauung einführen.

Haus Nr.23 Gericht

Das Haus der Entscheidungen

Beschreibung:
Dieses Haus symbolisiert Entscheidungen, die in der nächsten Zeit zu treffen sind.
Steht ein juristischer Rechtsstreit bevor, könnte es auch die Entscheidung des Gerichtes anzeigen.

Deutung der Kombinationen mit Haus Nr.23, Karte Nr.23

Nr.01 oder Nr.02: Sie oder Ihr HP haben eine wichtige Entscheidung zu treffen. Bedeutet aber auch, dass eine Entscheidung über Sie oder Ihren HP getroffen wird (z.B. beim Gericht).
Nr.03: Wegen einer Partnerschaft wird eine Entscheidung getroffen. Leben Sie in einer Ehe, kann diese Kombination das Scheidungsgericht anzeigen. Sollten Sie noch Single sein, treffen Sie die Entscheidung, um eine neue Partnerschaft einzugehen.
Nr.04: Eine wichtige Entscheidung wegen dem Freundeskreis treffen.
Nr.05: Entscheidung wegen einem älteren Mann treffen. Älterer Mann trifft wegen Ihnen eine Entscheidung.
Nr.06: Entscheidung wegen einer älteren Frau treffen. Ältere Frau trifft wegen Ihnen eine Entscheidung.
Nr.07: Mitteilung über eine Entscheidung.
Nr.08: Entscheidung wegen einer Lüge treffen. Entscheidungen sollen nicht voreilig getroffen werden.
Nr.09: Eine Entscheidung zur Veränderung.
Nr.10: Entscheidung wegen einer Reise oder wegen einem Auto.
Nr.11: Eine finanzielle Entscheidung.
Nr.12: Entscheidung wegen einer jüngeren Frau treffen. Jüngere Frau trifft wegen Ihnen eine Entscheidung.

Nr.13: Wichtige Entscheidungen in der Firma. Wichtige Entscheidung wegen einem Kredit.

Nr.14: Entscheidung wegen einer andauernden Belastung.

Nr.15: Eine herzliche Entscheidung wird getroffen. Eine Entscheidung in der Liebe wird getroffen.

Nr.16: Gedanken wegen einer wichtigen Entscheidung, die getroffen werden sollte.

Nr.17: Überraschende, freudige Entscheidung. Positive, optimistische Entscheidungen treffen. Entscheidung wird positiv.

Nr.18: Eine Entscheidung wegen einem Neubeginn oder einem Kind.

Nr.19: Eine schicksalhafte Entscheidung (z.B. Trennung).

Nr.20: Entscheidung wegen einem Haus, der häuslichen Umgebung oder wegen den Verwandten.

Nr.21: Eine Entscheidung wegen der Wohnung oder der Familie.

Nr.22: Entscheidung wegen einem jüngeren Mann treffen. Jüngerer Mann trifft wegen Ihnen eine Entscheidung.

Nr.23: Es gibt noch sehr viele Entscheidungen zu treffen.

Nr.24: Eine Entscheidung wegen einem Verlust. Entscheidung wird wieder verworfen.

Nr.25: Eine Entscheidung wegen einer Umschulung oder Fortbildung.

Nr.26: Positive und glückliche Entscheidungen.

Nr.27: Verhandlungen. Entscheidung wegen einem Angebot.

Nr.28: Bis zur Entscheidung sollten Sie noch einige Monate warten. In wenigen Monaten wird wegen Ihnen eine Entscheidung getroffen.

Nr.29: Wenig Entscheidungsfreude. Unsicherheit wegen einer Entscheidung.

Nr.30: Eine Auseinandersetzung vor Gericht. Eine Entscheidung wegen einem Streit treffen.

Nr.31: Aus gesundheitlichen Gründen eine Entscheidung treffen.

Nr.32: Kummer wegen einer Entscheidung, die noch zu treffen ist. Eine getroffene Entscheidung bereitet Ihnen Kummer.

Nr.33: Strafprozess. Eine Entscheidung wegen einem Betrug treffen.

Nr.34: Eine berufliche Entscheidung treffen.

Nr.35: Wichtige Entscheidungen sollen erst in ein paar Jahren getroffen werden.

Nr.36: Es ist unnötig, eine Entscheidung zu treffen. Eine Entscheidung führt zu keinem Ergebnis. Entscheidung kann nicht umgesetzt werden.

Haus Nr.24 Diebstahl

Das Haus der Verluste

Beschreibung:
Dieses Haus symbolisiert Verluste, die aber nicht unbedingt materieller Art sein müssen. Es könnten z.B. auch Verluste von Freundschaften, Vorhaben oder Plänen sein.

Deutung der Kombinationen mit Haus Nr.24, Karte Nr.24

Nr.01 oder Nr.02: Sie oder Ihr HP haben Verluste.
Nr.03: Diese Partnerschaft geht zu Ende. Sollten Sie noch Single sein, haben Sie in der nächsten Partnerschaft Verluste.
Nr.04: Verlust von Freunden.
Nr.05: Kontakt zu einem älteren Mann geht verloren.
Nr.06: Kontakt zu einer älteren Frau geht verloren.
Nr.07: Eine Nachricht ist lückenhaft. Eine wichtige Nachricht wird nicht ankommen. Dokumente gehen verloren.
Nr.08: Die Lügen hören auf oder werden verdrängt. Eine Lüge bringt Verluste.
Nr.09: Eine Veränderung bringt erhebliche Verluste.
Nr.10: Verluste auf einer Reise. Eine Reise, die doch nicht stattfindet. Verluste am Auto.
Nr.11: Finanzielle und materielle Verluste.
Nr.12: Kontakt zu einer jüngeren Frau geht verloren.
Nr.13: Finanzielle Verluste in der Firma. Warnung vor einem Konkurs.
Nr.14: Belastungen und leichte Erkrankungen gehen wieder vorbei.
Nr.15: Verlust in der Liebe. Kann aber auch materielle oder soziale Verluste wegen der Liebe bedeuten.
Nr.16: Verlustgedanken. Gedanken und Pläne werden verworfen.

Nr.17: Verluste werden durch Optimismus wieder verdrängt.

Nr.18: Neubeginn bringt Verluste. Nach Verlusten kommt Neubeginn.

Nr.19: Verluste rufen einen großen Schreck hervor.

Nr.20: Materielle Verluste im Haus. Soziale Kontakte in der häuslichen Umgebung gehen verloren.

Nr.21: Verluste in der Wohnung. Verluste im engsten Familienkreis.

Nr.22: Kontakt zu einem jüngeren Mann geht verloren.

Nr.23: Eine Entscheidung wegen einem Verlust. Entscheidung wird wieder verworfen.

Nr.24: In der nächsten Zeit ist mit erheblichen Verlusten zu rechnen.

Nr.25: Abbruch einer Fortbildungsmaßnahme oder Schulung. Der gute berufliche Status geht verloren.

Nr.26: Die Verluste werden nicht so schlimm, wie anfangs befürchtet. Trotz Verluste bleibt das Glück bestehen.

Nr.27: Ein Angebot oder Vertrag bringt Verluste. Ein Angebot oder Vertrag wird wieder verworfen.

Nr.28: Verluste werden in ein paar Monaten überwunden sein.

Nr.29: Einsamkeit bringt soziale Verluste. Angst vor Verlusten.

Nr.30: Bei Streitigkeiten könnten soziale oder materielle Verluste entstehen. Streitigkeiten werden schnell beendet.

Nr.31: Krankheit geht wieder vorbei. Kann aber auch eine Operation anzeigen, welche die Krankheit erfolgreich beendet.

Nr.32: Verluste bringen Kummer und Sorgen. Ist der Kummer bereits da und wird nach ihm gefragt, dauert es nicht mehr lange, bis er beendet wird.

Nr.33: Neid und Egoismus bringen soziale und materielle Verluste.

Nr.34: Verlust des Arbeitsplatzes droht.

Nr.35: Ein Verlust wird leider erst in ein bis zwei Jahren komplett überwunden sein.

Nr.36: Verlust der Hoffnung und der Träume. Verlust der Spiritualität. Ein Verlust wird nicht so schlimm, wie anfangs befürchtet.

Haus Nr.25 Zu hohen Ehren kommen

Das Haus der Anerkennung

Beschreibung:
Dieses Haus symbolisiert Anerkennung, die durch Reife, Bildung, erfolgreiche Prüfungen oder hohes Lebensalter kommen kann.
Je nach Fragestellung zeigt es auch eine Behörde an, mit denen der Fragesteller konfrontiert werden könnte.

Deutung der Kombinationen mit Haus Nr.25, Karte Nr.25

Nr.01 oder Nr.02: Sie oder Ihr HP bekommen hohes Ansehen in der Gesellschaft. Kann aber auch, je nach Fragestellung, eine gute Bildung oder einen erfolgreichen Schulabschluss bedeuten.
Nr.03: Eine Partnerschaft, die auf Gegenseitigkeit beruht und deshalb von Ihren Mitmenschen geschätzt wird.
Nr.04: Vorladung zu einer Behörde. Guter Ruf im Freundeskreis.
Nr.05: Älterer Mann spricht gut über Sie und verleiht Ihnen einen guten Ruf.
Nr.06: Ältere Frau spricht gut über Sie und verleiht Ihnen einen guten Ruf.
Nr.07: Zeugnis, Urkunde, amtliche Bescheinigung. Brief von Behörde.
Nr.08: Ungerechtigkeiten und Irrtümer von einer Behörde. Ein falscher Beruf.
Nr.09: Eine berufliche Veränderung. Kann z.B. eine Beförderung oder auch eine Umschulung sein.
Nr.10: Fahrschule, Bildungsreise oder ein sehr altes Auto.
Nr.11: Lukrative Kapitalanlage über ein Institut. Rentennachzahlung. Bedeutet aber auch, dass durch eine gute Ausbildung der Lohn hoch ist.
Nr.12: Jüngere Frau spricht gut über Sie und verleiht Ihnen einen guten Ruf.

Nr.13: Die Firma ist ein alteingesessener Konzern oder arbeitet viel mit Geldanlagen. Kann aber auch bedeuten, dass eine Firma Schulungen und Seminare anbietet.

Nr.14: Ausbildung ist belastend. Bedeutet aber auch, dass Belastungen und leichte Erkrankungen bleiben und mit der Zeit chronisch werden.

Nr.15: Eine alte Jugendliebe. Die Liebe baut auf Reife und Erfahrung.

Nr.16: Gedanken und Pläne wegen einer beruflichen Verbesserung. Gedanken und Pläne wegen einer Fortbildung oder Schulung.

Nr.17: Eine Ausbildung oder Schulung, die viel Spaß macht. Berufliche Stellung ist überaus positiv. Erfolgreiche Prüfung.

Nr.18: Neuer Beruf. Fortbildungsmaßnahme. Kindergarten, Schule.

Nr.19: Berufliche Anerkennung geht verloren. Berufliche Verluste.

Nr.20: Ein altes Haus. Öffentliches Gebäude. Verwandtschaft und Nachbarschaft ist gut gebildet und verleiht Ihnen hohes Ansehen.

Nr.21: Wohnung wird beruflich genutzt. Ältere Familienmitglieder.

Nr.22: Ein jüngerer Mann spricht gut über Sie und verleiht Ihnen einen guten Ruf.

Nr.23: Eine Entscheidung wegen einer Umschulung oder Fortbildung.

Nr.24: Abbruch einer Fortbildungsmaßnahme oder Schulung. Der gute berufliche Status geht verloren.

Nr.26: Beruflicher Erfolg durch gute Bildung. Erfolgreiche Prüfung.

Nr.27: Ausbildungsvertrag. Neues berufliches Angebot.

Nr.28: Beruflich sollte nichts überstürzt werden.

Nr.29: Berufliche Angst und Unsicherheit. Angst vor Verlust des guten Rufes. Behörde oder öffentliche Einrichtung ist einengend (z.B. Heim).

Nr.30: Prüfungsstress. Streit wegen fehlender Anerkennung.

Nr.31: Ausbildung im medizinischen Bereich. Körperliche und seelische Belastung im Beruf. Kann aber auch, je nach Fragestellung, eine chronische Krankheit anzeigen.

Nr.32: Beruflicher Kummer. Kummer wegen fehlender Anerkennung oder wegen einem schlechten Ruf. Schulische Sorgen.

Nr.33: Mobbing durch Arbeitskollegen. Manipulation bei der Prüfung (z.B. durch einen Spickzettel). Anerkennung löst Neid aus.

Nr.34: Hohes Ansehen im Beruf durch harte und fleißige Arbeit.

Nr.35: Hohes Ansehen (hauptsächlich im Beruf) bleibt lange bestehen.

Nr.36: Hohes Ansehen weit über dem Bildungsgrad hinaus. Schulung im spirituellen Bereich.

Haus Nr.26 Großes Glück

Das Haus des Glücks

Beschreibung:
Dieses Haus symbolisiert das Glück, welches sich durch alle Bereiche des Lebens ziehen kann und dem Fragesteller seinen Alltag bereichert.

Deutung der Kombinationen mit Haus Nr.26, Karte Nr.26

Nr.01 oder Nr.02: Sie oder Ihr HP haben viel Glück.
Nr.03: Eine glückliche Partnerschaft.
Nr.04: Von Ihren Freunden können Sie profitieren. Freunde bringen Glück.
Nr.05: Ein älterer Mann bringt Ihnen viel Glück.
Nr.06: Eine ältere Frau bringt Ihnen viel Glück.
Nr.07: Freudige Nachricht, die lange erwartet wurde und besagt, dass alles ein gutes Ende nimmt.
Nr.08: Eine Lüge oder ein Irrtum nimmt einen guten Ausgang.
Nr.09: Veränderungen bringen viele Vorteile.
Nr.10: Glückliche Reise. Glück mit dem Auto.
Nr.11: Glück im finanziellen Bereich. Kann auch ein Lottogewinn sein.
Nr.12: Eine jüngere Frau bringt Ihnen viel Glück.
Nr.13: Der Firma geht es gut. Glück mit der Firma oder mit der Bank.
Nr.14: Guter Ausgang bei Belastungen und leichten Erkrankungen.
Nr.15: Glück in der Liebe.
Nr.16: Glückliche und optimistische Gedanken und Pläne, die auf jeden Fall in die Tat umgesetzt werden sollen.
Nr.17: Freude, Glück und Zufriedenheit. Positive Alltagsereignisse werden geschätzt.

Nr.18: Neuigkeiten bringen Glück. Kinderwunsch geht in Erfüllung.

Nr.19: Glück im Unglück.

Nr.20: Glück wegen einem Haus oder wegen der Nachbarschaft. Glück durch Verwandte.

Nr.21: Ein glückliches Zuhause. Eine glückliche Familie.

Nr.22: Ein jüngerer Mann bringt Ihnen Glück.

Nr.23: Positive und glückliche Entscheidungen.

Nr.24: Die Verluste werden nicht so schlimm, wie anfangs befürchtet. Trotz Verluste bleibt das Glück bestehen.

Nr.25: Beruflicher Erfolg durch gute Bildung. Erfolgreiche Prüfung.

Nr.26: Das Glück überschlägt sich in fast allen Lebensbereichen und sorgt dafür, dass alles perfekt verläuft.

Nr.27: Ein lukratives Angebot oder ein lukrativer Vertrag.

Nr.28: Das große Glück kommt in ein paar Monaten und bereichert den Alltag.

Nr.29: Der Alltag sollte nicht so verkrampft gesehen werden, denn das Glück bleibt erhalten und sollte lediglich erkannt werden.

Nr.30: Streitigkeiten haben ein glückliches Ende.

Nr.31: Glück mit der Gesundheit. Glück bei Erkrankungen.

Nr.32: Kummer ist unbegründet. Negative Alltagsangelegenheiten werden positiv enden.

Nr.33: Neid und Egoismus können keinen Schaden anrichten.

Nr.34: Glück auf der Arbeit.

Nr.35: Das Glück bleibt noch jahrelang erhalten.

Nr.36: Glück mit der Spiritualität. Positive Gedanken. Starker Glaube. Kann auch die spirituelle Erleuchtung bedeuten.

Haus Nr.27 Unverhofftes Geld

Das Haus der Chancen

Beschreibung:
Dieses Haus symbolisiert Chancen, die der Alltag dem Fragesteller beschert. Oftmals bestehen diese Chancen aus Angeboten, Verträgen, Käufen oder auch aus finanziellen Zuwendungen.

Deutung der Kombinationen mit Haus Nr.27, Karte Nr.27

Nr.01 oder Nr.02: Sie oder Ihr HP bekommen ein gutes Angebot. Dies könnte z.B. ein Arbeitsvertrag oder auch ein Kaufvertrag sein.
Nr.03: Hochzeit. Vereinbarungen wegen einer Partnerschaft.
Nr.04: Freunde unterstützen sich gegenseitig. Treffen wegen einer Vertragsunterzeichnung.
Nr.05: Ein älterer Mann macht Ihnen einen interessanten Vorschlag oder ein gutes Angebot.
Nr.06: Eine ältere Frau macht Ihnen einen interessanten Vorschlag oder ein gutes Angebot.
Nr.07: Kaufvertrag. Schriftliches Angebot oder Dokument.
Nr.08: Ein Angebot oder ein Vorschlag sollte genau überprüft werden.
Nr.09: Ein Angebot oder ein Vertrag bringt Veränderungen.
Nr.10: Reisevertrag. Kaufvertrag für das Auto.
Nr.11: Ein finanzieller Vertrag wird abgeschlossen (z.B. Kreditvertrag).
Nr.12: Eine jüngere Frau macht Ihnen einen interessanten Vorschlag oder ein gutes Angebot.
Nr.13: Vertrag mit einer Firma (Arbeitsvertrag, Kreditvertrag). Wichtiger Auftrag für die Firma.
Nr.14: Ein Angebot oder Vertrag ist belastend und schwer zu erfüllen.

Nr.15: Ein Liebesantrag oder eine Liebesbezeugung. Ein herzliches Angebot, das angenommen werden sollte.

Nr.16: Gedanken und Pläne wegen einem Angebot oder einem Vertrag.

Nr.17: Ein gutes Angebot, das viel Freude bereitet.

Nr.18: Neues Angebot. Neuer Vertrag.

Nr.19: Ein positiv wirkendes Angebot sollte genau überprüft werden. Ein Angebot oder Vertrag kommt nicht zustande.

Nr.20: Mietvertrag oder Kaufvertrag wegen einem Haus. Gutes Angebot aus der wohnlichen Umgebung.

Nr.21: Mietvertrag oder Kaufvertrag wegen einer Wohnung. Vereinbarung im engsten Familienkreis (z.B. Hausordnung, Hausplan).

Nr.22: Ein jüngerer Mann macht Ihnen einen interessanten Vorschlag oder ein gutes Angebot.

Nr.23: Verhandlungen. Entscheidung wegen einem Angebot.

Nr.24: Ein Angebot oder Vertrag bringt Verluste. Ein Angebot oder Vertrag wird wieder verworfen.

Nr.25: Ausbildungsvertrag. Neues berufliches Angebot.

Nr.26: Ein lukratives Angebot oder ein lukrativer Vertrag.

Nr.27: Angebote und Verträge werden in Zukunft eine besondere Rolle spielen. Versuchen Sie, Ihre Chancen zu nutzen.

Nr.28: Ein Angebot oder Vertrag wird in ein paar Monat kommen. Wegen einem Angebot oder Vertrag brauchen Sie noch etwas Geduld.

Nr.29: Angebot bleibt. Angst oder Unsicherheit wegen einem Angebot.

Nr.30: Auseinandersetzungen wegen einem Angebot oder Vertrag.

Nr.31: Ein Angebot oder Vertrag wird belastend und schwer zu erfüllen sein.

Nr.32: Ein Angebot oder Vertrag bereitet Kummer.

Nr.33: Vorsicht vor Verträgen und Angeboten, weil diese nicht auf Gegenseitigkeit beruhen.

Nr.34: Vertrag oder Angebot von einer Firma (Arbeitsvertrag, Auftrag oder Beförderung).

Nr.35: Ein Angebot oder Vertrag bleibt auf lange Zeit bestehen.

Nr.36: Scheinvertrag, Scheinangebot. Ein Angebot oder Vertrag im spirituellen Bereich.

Haus Nr.28 Erwartung

Das Haus der Erwartung

Beschreibung:
Dieses Haus symbolisiert die Erwartung und einen Zeitraum von ein bis drei Monaten. Sie sagt auch aus, dass der Fragesteller sich in Geduld üben und nichts überstürzen sollte.

Deutung der Kombinationen mit Haus Nr.28, Karte Nr.28

Nr.01 oder Nr.02: Sie oder Ihr HP sollten sich noch gedulden. Sind Sie Single, dauert es noch einige Monate, bis Sie Ihren HP kennenlernen.
Nr.03: Für diese Partnerschaft ist Geduld angesagt. Sind Sie Single, kann es noch einige Monate bis zur Partnerschaft dauern.
Nr.04: Für Ihre Freunde brauchen Sie viel Geduld. Es wird noch einige Monate dauern, bis Sie neue Menschen kennenlernen.
Nr.05: Wegen einem älteren Mann sollten Sie sich noch gedulden.
Nr.06: Wegen einer älteren Frau sollten Sie sich noch gedulden.
Nr.07: Ein wichtiges Gespräch wird erst in einigen Monaten geführt. Eine erwartete Nachricht wird erst in einigen Monaten kommen.
Nr.08: In einigen Monaten kommt eine Lüge in Umlauf. Ist die Lüge da, wird sie noch einige Monate im Umlauf bleiben.
Nr.09: Für Veränderungen sollte noch einige Monate gewartet werden.
Nr.10: Bis zur Reise sind noch einige Monate Geduld angesagt.
Nr.11: Für finanzielle Angelegenheiten und Entscheidungen sollte noch ein paar Monate gewartet werden.
Nr.12: Wegen einer jüngeren Frau sollten Sie sich noch gedulden.
Nr.13: Firma ist in abwartender Haltung. In einigen Monaten haben Sie Sicherheiten.
Nr.14: Belastungen und leichte Erkrankungen dauern einige Monate an.

Nr.15: Für die Liebe ist noch etwas Geduld angesagt.

Nr.16: Pläne sollten erst in einigen Monaten umgesetzt werden.

Nr.17: Freude und Optimismus bleiben noch einige Monate bestehen. Ist das gegenwärtige seelische Wohlbefinden negativ, kehrt die Freude nach einigen Monaten wieder zurück.

Nr.18: In paar Monaten kommen Neuigkeiten. Beim Kinderwunsch kann es noch einige Monate bis zur Schwangerschaft dauern.

Nr.19: In ein paar Monaten könnten Sie mit einem Schrecken oder einem Unfall konfrontiert werden.

Nr.20: Wegen der wohnlichen Umgebung sollten Sie sich gedulden. Mit dem geplanten Hauskauf sollte noch paar Monate gewartet werden.

Nr.21: Wegen dem engsten Familienkreis sollten Sie sich gedulden. Wegen einer Wohnung sollte noch paar Monate gewartet werden.

Nr.22: Wegen einem jüngeren Mann sollten Sie sich noch gedulden.

Nr.23: Bis zur Entscheidung sollten Sie noch einige Monate warten. In wenigen Monaten wird wegen Ihnen eine Entscheidung getroffen.

Nr.24: Verluste werden in ein paar Monaten überwunden sein.

Nr.25: Beruflich sollte nichts überstürzt werden.

Nr.26: Das große Glück kommt bald und bereichert den Alltag.

Nr.27: Ein Angebot oder Vertrag wird in ein paar Monat kommen. Wegen einem Angebot oder Vertrag brauchen Sie noch etwas Geduld.

Nr.28: In der nächsten Zeit ist viel Geduld angesagt.

Nr.29: In wenigen Monaten kommt viel Einsamkeit. Ist die Einsamkeit schon da, wird sie in einigen Monaten überwunden sein.

Nr.30: In wenigen Monaten kommt es zu einer Auseinandersetzung. Ist sie schon da, wird sie in einigen Monaten überwunden sein.

Nr.31: Eine Krankheit, die in wenigen Monaten eintritt. Ist sie schon da, wird sie in einigen Monaten überwunden sein.

Nr.32: In wenigen Monaten kommt Kummer. Ist der Kummer da und wird nach ihm gefragt, wird er in einigen Monaten überwunden sein.

Nr.33: Die nächsten Monate ist Vorsicht angesagt, denn Sie könnten Opfer von Neid, Missgunst oder Betrug werden.

Nr.34: Die nächsten Monate gibt es viel Arbeit. Sind Sie arbeitslos, bekommen Sie in wenigen Monaten eine neue Tätigkeit.

Nr.35: Die nächsten Jahre werden Sie geduldiger.

Nr.36: In wenigen Monaten kehrt die Hoffnung zurück. Spiritualität und Glaube werden in wenigen Monaten gestärkt.

Haus Nr.29 Gefängnis

Das Haus der Blockaden

Beschreibung:
Dieses Haus symbolisiert Blockaden, die meistens aus starken Erwartungshaltungen, Unsicherheiten oder auch Ängsten bestehen und den Fragesteller oftmals in die Einsamkeit treiben.
Je nach Fragestellung wird mit dem Haus auch ein Gebäude dargestellt, in dem der Fragesteller das Gefühl hat, gefangen zu sein (z.B. Krankenhaus, Heim, Gefängnis).

Deutung der Kombinationen mit Haus Nr.29, Karte Nr.29

Nr.01 oder Nr.02: Sie oder Ihr HP sind einsam. HP wirkt einengend.
Nr.03: Eine Partnerschaft mit wenig Freiraum. Kann aber auch Beziehungsangst bedeuten.
Nr.04: Freunde sind langweilig. Freunde möchten nicht auf Ihre Bedürfnisse eingehen und versuchen den eigenen Willen durchzusetzen.
Nr.05: Ein älterer Mann wirkt auf Sie einengend.
Nr.06: Eine ältere Frau wirkt auf Sie einengend.
Nr.07: Vertrauliche Gespräche. Anonyme Anrufe, geheimnisvolle Mitteilungen.
Nr.08: Die Lügen werden heimlich verbreitet.
Nr.09: Veränderungen werden nicht so gerne vorgenommen.
Nr.10: Einsamkeit und Langeweile während einer Reise. Kann aber auch Unsicherheit im Straßenverkehr anzeigen.
Nr.11: Sparsamkeit.
Nr.12: Eine jüngere Frau wirkt auf Sie einengend.
Nr.13: Firma hat Existenzsorgen. Firma ist mit Entscheidungen sehr zurückhaltend und vorsichtig. Sie bangen um Ihre Sicherheiten.
Nr.14: Seelische Belastungen führen zum Rückzug in die Einsamkeit.
Nr.15: Heimliche Liebe. An die Liebe klammern. Liebe ist einengend und erdrückend.

Nr.16: Gedanken wegen der Einsamkeit. Unsicherheit, um Gedanken und Pläne in die Tat umzusetzen.

Nr.17: Die eigene Unsicherheit wird durch Lachen verdrängt. Freude und Optimismus bleiben auch in Zukunft bestehen.

Nr.18: Neuigkeiten werden verschwiegen. Angst vor einem Neubeginn.

Nr.19: Angst vor Einsamkeit. Angst vor schicksalhaften Ereignissen.

Nr.20: Einsamkeit im Haus. Unsicherheit wegen der Nachbarschaft.

Nr.21: Einsamkeit in der Wohnung. Familie ist einengend.

Nr.22: Ein jüngerer Mann wirkt auf Sie einengend.

Nr.23: Wenig Entscheidungsfreude. Unsicherheit wegen einer Entscheidung.

Nr.24: Einsamkeit bringt soziale Verluste. Angst vor Verlusten.

Nr.25: Berufliche Angst und Unsicherheit. Angst vor Verlust des guten Rufes. Behörde oder öffentliche Einrichtung ist einengend (z.B. Heim).

Nr.26: Der Alltag sollte nicht so verkrampft gesehen werden, denn das Glück bleibt erhalten und sollte lediglich erkannt werden.

Nr.27: Angebot bleibt. Angst oder Unsicherheit wegen einem Angebot.

Nr.28: In wenigen Monaten kommt viel Einsamkeit. Ist die Einsamkeit schon da, wird sie in einigen Monaten überwunden sein.

Nr.29: Angst vor der Einsamkeit.

Nr.30: Unsicherheit wegen Auseinandersetzungen. Streitereien führen in die Einsamkeit.

Nr.31: Eine Krankheit wird äußerst hartnäckig sein und führt in die Einsamkeit (z.B. durch ein Krankenhaus).

Nr.32: Kummer und Sorgen bleiben und führen in die Einsamkeit.

Nr.33: Betrügereien lösen Angst und Unsicherheit aus. Rückzug in die Einsamkeit wegen Neidern und egoistischen Mitmenschen.

Nr.34: Angst vor Arbeitsfehlern. Unsicherheit bei der Arbeit.

Nr.35: Ängste bleiben noch ein bis zwei Jahre bestehen.

Nr.36: Angst und Einsamkeit lösen in den eigenen vier Wänden viele Fantasien aus und können zu Realitätsverlust führen. Zeigt aber auch, je nach Fragestellung, dass Spiritualität in die Einsamkeit führen kann.

Haus Nr.30 Gerichtsperson

Das Haus der Konflikte

Beschreibung:
Dieses Haus symbolisiert Konflikte, die sich in Form von Gereiztheit, Nervosität, innerer Unruhe oder Streitsucht bemerkbar machen können.

Deutung der Kombinationen mit Haus Nr.30, Karte Nr.30

Nr.01 oder Nr.02: Sie oder Ihr HP sind gereizt und streitsüchtig.
Nr.03: Streitereien und gereiztes Klima in der Partnerschaft.
Nr.04: Gereizte Stimmung und Streit im Freundeskreis.
Nr.05: Sie bekommen Streit mit einem älteren Mann.
Nr.06: Sie bekommen Streit mit einer älteren Frau.
Nr.07: Streitgespräche. Brief vom Anwalt.
Nr.08: Eine Lüge löst Auseinandersetzungen aus.
Nr.09: Veränderungen lösen Gereiztheit und Streit aus.
Nr.10: Streit auf einer Reise oder wegen einer Reise. Streit wegen dem Auto, weil Mängel vorhanden sind und die Reparatur teuer ist.
Nr.11: Streit wegen dem Geld.
Nr.12: Sie bekommen Streit mit einer jüngeren Frau.
Nr.13: Schlechtes Betriebsklima. Streit mit der Firma oder Bank.
Nr.14: Ein empfindliches und gereiztes Nervenkostüm. Streit führt zu seelischen und körperlichen Belastungen.
Nr.15: Die Liebe steht unter einem hohen Erwartungsdruck. Streit und heftige Diskussionen wegen der Liebe.
Nr.16: Pläne, um ein klärendes Gespräch zu führen. Gedanken wegen einer Auseinandersetzung.
Nr.17: Ein Streit mit einem freudigen Ausgang.

Nr.18: Neue Streitereien. Kind ist streitsüchtig. Streit wegen einem Kind.

Nr.19: Heftige und belastende Auseinandersetzungen.

Nr.20: Streit wegen einem Haus. Streit mit Nachbarn und Verwandten.

Nr.21: Starke Unruhe in der Wohnung. Streit im engsten Familienkreis.

Nr.22: Sie bekommen Streit mit einem jüngeren Mann.

Nr.23: Eine Auseinandersetzung vor Gericht. Eine Entscheidung wegen einem Streit treffen.

Nr.24: Bei Streitigkeiten könnten soziale oder materielle Verluste entstehen. Streitigkeiten werden schnell beendet.

Nr.25: Prüfungsstress. Streit wegen fehlender Anerkennung.

Nr.26: Streitigkeiten haben ein glückliches Ende.

Nr.27: Auseinandersetzungen wegen einem Angebot oder Vertrag.

Nr.28: In wenigen Monaten kommt es zu einer Auseinandersetzung. Ist sie schon da, wird sie in einigen Monaten überwunden sein.

Nr.29: Unsicherheit wegen Auseinandersetzungen. Streitereien führen in die Einsamkeit.

Nr.30: In der nächsten Zeit sollten Sie mit vielen Streitereien rechnen.

Nr.31: Krankhafte Streitsucht. Auseinandersetzungen lösen körperliche Beschwerden hervor.

Nr.32: Kummer wegen einer Auseinandersetzung. Auseinandersetzung bringt Kummer.

Nr.33: Egoistisches oder betrügerisches Verhalten löst Streit aus.

Nr.34: Streit, Nervosität und Stress am Arbeitsplatz. Gereiztes Klima auf der Arbeit.

Nr.35: Ein Streit wird erst nach einigen Jahren beigelegt.

Nr.36: Eine Auseinandersetzung, für die es keinen Grund gibt. Zeigt aber auch, dass spirituelle Handlungen das Nervenkostüm reizen und zu Streitsucht führen können.

Haus Nr.31 Kurze Krankheit

Das Haus der Krankheiten

Beschreibung:
Dieses Haus symbolisiert Krankheiten, wobei es sich aber nicht immer um körperliche Gebrechen handeln muss. Auch der Mangel an einer Sache oder eines Lebensbereiches wird damit angezeigt (z.B. Finanzen, Haus, Auto, Arbeit).

Deutung der Kombinationen mit Haus Nr.31, Karte Nr.31

Nr.01 oder Nr.02: Sie oder Ihr HP sind kränklich. Ein Arztbesuch wäre ratsam.
Nr.03: Eine belastende Partnerschaft, die zu körperlichen Beschwerden führt.
Nr.04: Krankenbesuch. Freunde sind kränklich und belasten Sie damit.
Nr.05: Ein älterer Mann ist krank und belastet Sie damit.
Nr.06: Eine ältere Frau ist krank und belastet Sie damit.
Nr.07: Gespräche machen krank. Schriftlicher Befund vom Arzt.
Nr.08: Seelische Krankheit. Krankheit ist nicht körperlichen Ursprungs. Diagnose ist fehlerhaft.
Nr.09: Andauernde Veränderungen machen krank. Bei bestehender Erkrankung sollte eine Veränderung im Alltag vorgenommen werden.
Nr.10: Kuraufenthalt. Krankheit im Urlaub. Das Auto hat Mängel.
Nr.11: Finanzielle Lage ist schwierig und macht krank. Finanzielle Einbußen wegen einer Krankheit.
Nr.12: Eine jüngere Frau ist krank und belastet Sie damit.
Nr.13: Die Firma leidet unter starken Belastungen.
Nr.14: Seelische Belastungen und leichte körperliche Beschwerden können zu ernsthaften Erkrankungen führen.
Nr.15: Kummer und Sorgen, weil die Liebe nicht erwidert wird.

Nr.16: Gedanken wegen Krankheiten. Gedanken sind sehr negativ und machen auf Dauer krank.

Nr.17: Krankheit wird mit optimistischen Gedanken besiegt. Eine Erkrankung nimmt sehr bald einen guten Ausgang.

Nr.18: Neue Erkrankungen. Kränkelndes Kind. Eine belastende oder schwierige Schwangerschaft.

Nr.19: Eine ernste Erkrankung sollte durch den Arzt behandelt werden.

Nr.20: Ein Haus mit Mängeln. Kränkelnde Verwandtschaft belastet.

Nr.21: Wohnung hat Mängel. Krankheiten im engsten Familienkreis sind belastend.

Nr.22: Ein jüngerer Mann ist krank und belastet Sie damit.

Nr.23: Aus gesundheitlichen Gründen eine Entscheidung treffen.

Nr.24: Krankheit geht wieder vorbei. Kann aber auch eine Operation anzeigen, welche die Krankheit erfolgreich beendet.

Nr.25: Ausbildung im medizinischen Bereich. Körperliche und seelische Belastung im Beruf. Kann aber auch, je nach Fragestellung, eine chronische Krankheit anzeigen.

Nr.26: Glück mit der Gesundheit. Glück bei Erkrankungen.

Nr.27: Ein Angebot oder Vertrag wird belastend und schwer zu erfüllen sein.

Nr.28: Eine Krankheit, die in wenigen Monaten eintritt. Ist sie schon da, wird sie in einigen Monaten überwunden sein.

Nr.29: Eine Krankheit wird äußerst hartnäckig sein und führt in die Einsamkeit (z.B. durch ein Krankenhaus).

Nr.30: Krankhafte Streitsucht. Auseinandersetzungen lösen körperliche Beschwerden hervor.

Nr.31: Eine Erkrankung löst Folgeerkrankungen aus.

Nr.32: Eine Erkrankung bereitet Kummer. Bedeutet aber auch, dass starker Kummer eine körperliche Erkrankung auslösen kann.

Nr.33: Vorsicht vor Quacksalbern. Neid oder Egoismus macht krank.

Nr.34: Körperliche Probleme durch die berufliche Tätigkeit.

Nr.35: Eine Krankheit wird noch einige Jahre andauern.

Nr.36: Psychische Erkrankung. Kann auch Suchterkrankung bedeuten.

Achtung: An dieser Stelle möchte ich Ihnen noch den Hinweis geben, dass Wahrsagekarten nicht den Arzt ersetzen können. Deshalb sollten Sie bei psychischen und körperlichen Problemen und Erkrankungen immer einen Arzt oder Psychologen aufsuchen.

Haus Nr.32 Kummer und Widerwärtigkeiten

Das Haus des Kummers

Beschreibung:
Dieses Haus symbolisiert den Kummer, der in manchen Fällen begründet ist und als warnender Hinweis dienen soll. Oftmals ist dieser aber auch unbegründet und wird durch negative Denkweisen hervorgerufen.

Deutung der Kombinationen mit Haus Nr.32, Karte Nr.32

Nr.01 oder Nr.02: Sie oder Ihr HP haben Kummer.
Nr.03: Die Partnerschaft bereitet Kummer.
Nr.04: Ihre Freunde bereiten Ihnen Kummer.
Nr.05: Ein älterer Mann bereitet Ihnen Kummer.
Nr.06: Eine ältere Frau bereitet Ihnen Kummer.
Nr.07: Kummer und Sorgen werden in Gesprächen hochgespielt. Eine Mitteilung, die Kummer bereitet.
Nr.08: Lügen bereiten Kummer.
Nr.09: Kummer wegen einer Veränderung. Veränderung bringt neuen Kummer.
Nr.10: Eine Reise bereitet Kummer. Das Auto bereitet Kummer.
Nr.11: Finanzieller Kummer.
Nr.12: Eine jüngere Frau bereitet Ihnen Kummer.
Nr.13: Die Firma hat Kummer. Sorgen durch mangelnde Sicherheiten.
Nr.14: Seelische Belastungen und leichtere Erkrankungen bereiten Kummer.
Nr.15: Kummer, weil die Liebe nicht erwidert wird.
Nr.16: In Kummer und Sorgen vertieft, die aber oft unbegründet sind.
Nr.17: Kummer und Sorgen werden mit optimistischen Gedanken verdrängt. Kummer ist unbegründet und geht bald vorbei.

Nr.18: Neuer Kummer. Sorgen wegen Neubeginn. Kind macht Sorgen.

Nr.19: Ein schicksalhaftes Ereignis bringt Kummer.

Nr.20: Kummer wegen einem Haus. Nachbarn und Verwandte bereiten Kummer.

Nr.21: Kummer wegen dem engsten Familienkreis. Kummer wegen der Wohnung.

Nr.22: Ein jüngerer Mann bereitet Ihnen Kummer.

Nr.23: Kummer wegen einer Entscheidung, die noch zu treffen ist. Eine getroffene Entscheidung bereitet Ihnen Kummer.

Nr.24: Verluste bringen Kummer und Sorgen. Ist der Kummer bereits da und wird nach ihm gefragt, dauert es nicht mehr lange, bis er beendet wird.

Nr.25: Beruflicher Kummer. Kummer wegen fehlender Anerkennung oder wegen einem schlechten Ruf. Schulische Sorgen.

Nr.26: Kummer ist unbegründet. Negative Alltagsangelegenheiten werden positiv enden.

Nr.27: Ein Angebot oder Vertrag bereitet Kummer.

Nr.28: In wenigen Monaten kommt Kummer. Ist der Kummer da und wird nach ihm gefragt, wird er in einigen Monaten überwunden sein.

Nr.29: Kummer und Sorgen bleiben und führen in die Einsamkeit.

Nr.30: Kummer wegen einer Auseinandersetzung. Auseinandersetzung bringt Kummer.

Nr.31: Eine Erkrankung bereitet Kummer. Bedeutet aber auch, dass starker Kummer eine körperliche Erkrankung auslösen kann.

Nr.32: Der Kummer bleibt, weil im Alltag nach Problemen gesucht wird.

Nr.33: Kummer wegen Neidern und hinterhältigen Mitmenschen.

Nr.34: Kummer wegen der beruflichen Tätigkeit.

Nr.35: Kummer bleibt noch einige Jahre bestehen.

Nr.36: Kummer und Sorgen sind unbegründet. Bedeutet aber auch, dass falsche Spiritualität eine negative Denkweise auslöst.

Haus Nr.33 Trübe Gedanken

Das Haus der Neider

Beschreibung:
Dieses Haus symbolisiert Neider.
Es zeigt negative Denk- und Verhaltensweisen der Mitmenschen an, die oftmals aus Betrug, Rache, Egoismus oder Missgunst bestehen können und dem Fragesteller seinen Alltag erschweren.

Deutung der Kombinationen mit Haus Nr.33, Karte Nr.33

Nr.01 oder Nr.02: Sie oder Ihr HP werden mit Neidern und Betrügern konfrontiert oder sollten darauf achten, nicht egoistisch zu werden.
Nr.03: Die Partnerschaft wird durch viel Neid und Missgunst der Mitmenschen belastet. Kann aber auch einen Seitensprung bedeuten.
Nr.04: Freunde sind rücksichtslos und egoistisch. Freunde strahlen Neid aus.
Nr.05: Ein älterer Mann ist egoistisch und bereitet Ihnen Ärger.
Nr.06: Eine ältere Frau ist egoistisch und bereitet Ihnen Ärger.
Nr.07: Üble Nachrede. Drohungen.
Nr.08: Aus Neid, Hass und Boshaftigkeit werden Lügen verbreitet, um einen erheblichen Schaden anzurichten.
Nr.09: Veränderungen rufen Neider hervor. Sind die Neider schon da, können Sie denen nur aus dem Weg gehen, indem Sie Veränderungen durchführen (z.B. andere Wohngegend, neue Hobbys oder Freunde).
Nr.10: Betrug auf einer Reise. Betrug wegen dem Auto. Gefährdung im Straßenverkehr durch egoistische und leichtsinnige Fahrweise.
Nr.11: Neid oder egoistische Ausbeutung im finanziellen Bereich.
Nr.12: Eine jüngere Frau ist egoistisch und bereitet Ihnen Ärger.
Nr.13: Firma oder Bank arbeitet mit unmoralischen Machenschaften. Firmenchef ist egoistisch und rücksichtslos.

Nr.14: Neid, Egoismus und negative Gedanken sind belastend.

Nr.15: Diese Liebe weist egoistische Züge auf. Starke Eifersucht.

Nr.16: Negative Gedanken wegen Ungerechtigkeit, Neid, Missgunst und Egoismus.

Nr.17: Mitmenschen wollen Sie ärgern und treiben Schabernack.

Nr.18: Neue Betrügereien, die aus Neid entstehen. Kind ist egoistisch.

Nr.19: Betrug oder Neid löst einen großen Schaden aus.

Nr.20: Betrug wegen einem Haus. Neidische und egoistische Nachbarn.

Nr.21: Negative Gedanken in der Wohnung. Engster Familienkreis ist durch Neid und Egoismus geprägt.

Nr.22: Ein jüngerer Mann ist egoistisch und bereitet Ihnen Ärger.

Nr.23: Strafprozess. Eine Entscheidung wegen einem Betrug treffen.

Nr.24: Neid und Egoismus bringen soziale und materielle Verluste.

Nr.25: Mobbing durch Arbeitskollegen. Manipulation bei der Prüfung (z.B. durch einen Spickzettel). Anerkennung löst Neid aus.

Nr.26: Neid und Egoismus können keinen Schaden anrichten.

Nr.27: Vorsicht vor Verträgen und Angeboten, weil diese nicht auf Gegenseitigkeit beruhen.

Nr.28: Die nächsten Monate ist Vorsicht angesagt, denn Sie könnten Opfer von Neid, Missgunst oder Betrug werden.

Nr.29: Betrügereien lösen Angst und Unsicherheit aus. Rückzug in die Einsamkeit wegen Neidern und egoistischen Mitmenschen.

Nr.30: Egoistisches oder betrügerisches Verhalten löst Streit aus.

Nr.31: Vorsicht vor Quacksalbern. Neid oder Egoismus macht krank.

Nr.32: Kummer wegen Neidern und hinterhältigen Mitmenschen.

Nr.33: Neid und Missgunst treten in der nächsten Zeit verstärkt auf.

Nr.34: Grobe Fahrlässigkeit auf der Arbeit. Handwerkerpfusch. Kann aber auch Mobbing und Hinterlistigkeit auf der Arbeit bedeuten.

Nr.35: Neid und Missgunst bleiben noch einige Jahre bestehen.

Nr.36: Neid und Missgunst werden immer stärker, auch wenn es dafür keinen Grund gibt. Im spirituellen Bereich wird auch vor schwarzer Magie gewarnt.

Haus Nr.34 Arbeit und Beschäftigung

Das Haus der Arbeit

Beschreibung:
Dieses Haus symbolisiert die Arbeit sowie alles, was mit Verpflichtungen, körperlicher Betätigung, Aktivität, Hilfsbereitschaft und Fleiß zu tun hat.

Deutung der Kombinationen mit Haus Nr.34, Karte Nr.34

Nr.01 oder Nr.02: Sie oder Ihr HP sind fleißig. Es kommt viel Arbeit auf Sie zu.
Nr.03: Diese Partnerschaft wird durch viel Arbeit und Fleiß geprägt.
Nr.04: Ihre Freunde sind fleißig und hilfsbereit. Gute Arbeitskollegen.
Nr.05: Älterer Mann ist fleißig und Ihnen gegenüber hilfsbereit. Älterer Arbeitskollege, zu dem Sie ein gutes Verhältnis haben.
Nr.06: Ältere Frau ist fleißig und Ihnen gegenüber hilfsbereit. Ältere Arbeitskollegin, zu der Sie ein gutes Verhältnis haben.
Nr.07: Bewerbung, Vorstellungsgespräch. Gespräche auf der Arbeit und über die Arbeit.
Nr.08: Lügen auf der Arbeit. Fehler auf der Arbeit. Handwerkerpfusch.
Nr.09: Berufliche Veränderung. Kann eine neue Tätigkeit oder eine neue Abteilung anzeigen.
Nr.10: Reparaturen am Auto. Beruflich viel unterwegs.
Nr.11: Guter Verdienst durch fleißige Arbeit oder Mehrarbeit. Kann auch, je nach Fragestellung, eine Geldanlage sein, die gut arbeitet.
Nr.12: Jüngere Frau ist fleißig und Ihnen gegenüber hilfsbereit. Jüngere Arbeitskollegin, zu der Sie ein gutes Verhältnis haben.
Nr.13: Viel Arbeit in der Firma. Berufliche Tätigkeit bleibt bestehen.
Nr.14: Berufliche Tätigkeit ist belastend.

Nr.15: Die berufliche Tätigkeit wird mit viel Freude ausgeführt. Wird nach der Liebe gefragt, zeigt es eine aktive Sexualität an.
Nr.16: Gedanken und Pläne wegen der beruflichen Tätigkeit.
Nr.17: Freude im Beruf. Gute Zusammenarbeit.
Nr.18: Neue berufliche Tätigkeit. Tätigkeit mit Kindern.
Nr.19: Unfallgefahr auf der Arbeit. Das Ende der beruflichen Tätigkeit.
Nr.20: Arbeiten am Haus. Hilfe innerhalb der Verwandtschaft. Hilfe aus der wohnlichen Umgebung.
Nr.21: Renovierungsarbeiten in der Wohnung. Perfekte Arbeitsteilung im Haushalt.
Nr.22: Jüngerer Mann ist fleißig und Ihnen gegenüber hilfsbereit. Jüngerer Arbeitskollege, zu dem Sie ein gutes Verhältnis haben.
Nr.23: Eine berufliche Entscheidung.
Nr.24: Verlust des Arbeitsplatzes droht.
Nr.25: Hohes Ansehen im Beruf durch harte und fleißige Arbeit.
Nr.26: Glück auf der Arbeit.
Nr.27: Vertrag oder Angebot von einer Firma (Arbeitsvertrag, Auftrag oder Beförderung).
Nr.28: Die nächsten Monate gibt es viel Arbeit. Sind Sie arbeitslos, bekommen Sie in wenigen Monaten eine neue Tätigkeit.
Nr.29: Angst vor Arbeitsfehlern. Unsicherheit bei der Arbeit.
Nr.30: Streit, Nervosität und Stress am Arbeitsplatz. Gereiztes Klima auf der Arbeit.
Nr.31: Körperliche Probleme durch die berufliche Tätigkeit.
Nr.32: Kummer wegen der beruflichen Tätigkeit.
Nr.33: Grobe Fahrlässigkeit auf der Arbeit. Handwerkerpfusch. Kann aber auch Mobbing und Hinterlistigkeit auf der Arbeit bedeuten.
Nr.34: Die nächste Zeit ist so viel Arbeit und Fleiß angesagt, dass eine gute Organisation nötig ist.
Nr.35: Berufliche Tätigkeit bleibt noch mehrere Jahre bestehen.
Nr.36: Gute Improvisation auf der Arbeit. Kann aber auch Arbeiten im spirituellen Bereich darstellen (z.B. Kartenlegen, Astrologie).

Haus Nr.35 Ein langer Weg

Das Haus der Ewigkeit

Beschreibung:
Dieses Haus symbolisiert einen langen Zeitraum. Hierbei kann es sich oftmals um ein oder zwei Jahre handeln und in manchen Fällen auch mehr. Der Fragesteller bekommt durch dieses Haus das Gefühl von Ewigkeit vermittelt.

Deutung der Kombinationen mit Haus Nr.35, Karte Nr.35

Nr.01 oder Nr.02: Sie oder Ihr HP brauchen noch viel Geduld. Sind Sie Single, kann es noch ein bis zwei Jahre dauern, bis Sie Ihren HP kennenlernen.
Nr.03: Diese Partnerschaft bleibt noch jahrelang bestehen. Sind Sie Single, dauert es noch einige Jahre, bis Sie den richtigen Partner finden.
Nr.04: Freundschaft bleibt noch jahrelang bestehen.
Nr.05: Zu einem älteren Mann bleibt der Kontakt jahrelang bestehen.
Nr.06: Zu einer älteren Frau bleibt der Kontakt jahrelang bestehen.
Nr.07: Lange Gespräche. Eine Informationsquelle, die Jahre anhält. Eine erhoffte Nachricht oder ein erhofftes Dokument wird erst in einigen Jahren eintreffen.
Nr.08: Eine Lüge wird erst in ein bis zwei Jahren aufgeklärt.
Nr.09: Große Veränderungen sollten erst in ein bis zwei Jahren vorgenommen werden.
Nr.10: Eine sehr lange Reise. Kann auch eine Weltreise bedeuten. Das Auto wird mehrere Jahre erhalten bleiben.
Nr.11: Im finanziellen Bereich wird es die nächsten ein bis zwei Jahre keine Veränderungen geben. Geplante finanzielle Veränderungen sollen erst in einigen Jahren vorgenommen werden.
Nr.12: Zu einer jüngeren Frau bleibt der Kontakt jahrelang bestehen.

Nr.13: Firma bleibt noch jahrelang bestehen. Sicherheiten bleiben noch die nächsten Jahre bestehen.

Nr.14: Belastungen und leichte Erkrankungen dauern einige Jahre an.

Nr.15: Für die Liebe wird sehr viel Geduld gebraucht. In der Liebe wird sich die nächsten Jahre nicht viel ändern.

Nr.16: Gedanken und Pläne sollten erst in einigen Jahren umgesetzt werden.

Nr.17: Freude und Optimismus bleiben noch jahrelang bestehen. Ist die gegenwärtige Situation negativ, dauert es noch ein bis zwei Jahre, bis die Freude wieder zurückkehrt.

Nr.18: In ein paar Jahren kommt ein Neubeginn. Kinderwunsch wird sich erst in ein bis zwei Jahren erfüllen.

Nr.19: Negative Ereignisse und deren seelische Belastungen werden noch paar Jahre andauern, aber dann kommt die Zeit der Besserung.

Nr.20: Mehrere Jahre mit einem Haus konfrontiert werden. Mit einem geplanten Hauskauf sollte noch ein bis zwei Jahre gewartet werden.

Nr.21: Wohnung bleibt Jahre bestehen. Mit wohnlichen Veränderungen sollte noch ein bis zwei Jahre gewartet werden.

Nr.22: Der Kontakt zu einem jüngeren Mann bleibt jahrelang bestehen.

Nr.23: Wichtige Entscheidungen sollen erst in ein paar Jahren getroffen werden.

Nr.24: Ein Verlust wird in ein bis zwei Jahren überwunden sein.

Nr.25: Hohes Ansehen (hauptsächlich im Beruf) bleibt lange bestehen.

Nr.26: Das Glück bleibt noch jahrelang erhalten.

Nr.27: Ein Angebot oder Vertrag bleibt auf lange Zeit bestehen.

Nr.28: Die nächsten Jahre werden Sie geduldiger.

Nr.29: Ängste und Unsicherheiten bleiben ein bis zwei Jahre bestehen.

Nr.30: Ein Streit wird erst nach einigen Jahren beigelegt.

Nr.31: Eine Krankheit wird noch einige Jahre andauern.

Nr.32: Kummer bleibt noch einige Jahre bestehen.

Nr.33: Neid und Missgunst bleiben noch einige Jahre bestehen.

Nr.34: Berufliche Tätigkeit bleibt noch mehrere Jahre bestehen.

Nr.35: Stillstand im Alltag, der sich über Jahre hinzieht.

Nr.36: Träume und Hoffnungen bleiben noch mehrere Jahre bestehen. Wünsche erfüllen sich erst in einigen Jahren. Spiritualität bleibt die nächsten Jahre erhalten.

Haus Nr.36 Die Hoffnung Großes Wasser

Das Haus der Spiritualität

 **Beschreibung:**
Dieses Haus symbolisiert die Spiritualität. Neben der Spiritualität zeigt es auch Weltanschauungen, Träume, andere Kulturen und das Ausland.
Im negativen Sinn warnt das Haus vor Illusionen, Hirngespinsten und Weltfremdheit.

Deutung der Kombinationen mit Haus Nr.36, Karte Nr.36

Nr.01 oder Nr.02: Sie oder Ihr HP sind spirituell veranlagt. Sind Sie Single, kann es bedeuten, dass Ihr zukünftiger HP aus dem Ausland kommt.
Nr.03: Eine ideale Partnerschaft. Bedeutet aber auch, dass Sie Ihren Seelenpartner gefunden haben oder noch finden, falls Sie Single sind.
Nr.04: Freunde sind spirituell interessiert. Treffen beim Kartenleger oder Astrologen.
Nr.05: Ein älterer Mann ist spirituell veranlagt und wird Sie in seine Weltanschauung einführen.
Nr.06: Eine ältere Frau ist spirituell veranlagt und wird Sie in ihre Weltanschauung einführen.
Nr.07: Deuten der Wahrsagekarten. Spirituelle Gespräche. Schriftliche Auswertung beim Astrologen.
Nr.08: Falscher spiritueller Weg. Fantasie und Realität können nicht voneinander unterschieden werden. Hirngespinste.
Nr.09: Umzug in einen Ort mit einer anderen Mentalität. Umzug in ein anderes Bundesland oder Ausland. Oft zeigt diese Kombination auch einen Wandel der Weltanschauungen oder der spirituellen Sichtweisen.
Nr.10: Reise ins Ausland. Reise in eine andere Kultur, welche die spirituelle Sichtweise prägt. Kann aber auch Fantasiereisen bedeuten.

Nr.11: Unüberlegte Einkäufe, unnötige Geldausgaben. Bedeutet aber auch, dass durch den spirituellen Bereich Geld verdient wird.

Nr.12: Eine jüngere Frau ist spirituell veranlagt und wird Sie in ihre Weltanschauung einführen.

Nr.13: Firma arbeitet mit dem Ausland zusammen. Selbstständigkeit im spirituellen Bereich.

Nr.14: Belastungen und Erkrankungen sind seelischen Ursprungs. Die Spiritualität führt nicht zum Erfolg und löst seelische Beschwerden aus.

Nr.15: Herzliche Bindung zur Spiritualität. Die perfekte Liebe. Zeigt aber auch, dass die Liebe hauptsächlich in der Fantasie ausgelebt wird.

Nr.16: Einbildung und Hirngespinste. Unrealistische Pläne. Sind es jedoch spirituelle oder esoterische Pläne und Gedanken, können diese getrost umgesetzt werden.

Nr.17: Optimistische Träume und Vorstellungen. Rege Fantasien. Freude mit Spiritualität und Esoterik.

Nr.18: Pläne für einen Neubeginn sind unrealistisch. Neubeginn im spirituellen Bereich. Beim bestehenden Kinderwunsch kommt es bald zu einer Schwangerschaft.

Nr.19: Negative und belastende Fantasien. Schwerer Pessimismus. Vorsicht vor spirituellen und okkulten Handlungen, weil ein seelischer Rückschlag droht, der schwere psychische Erkrankungen zur Folge hat.

Nr.20: Pläne wegen einem Haus werden unrealistisch sein. Nachbarn haben eine ungewohnte Mentalität oder Verhaltensweise. Bedeutet aber auch, dass die Nachbarn spirituell veranlagt sind.

Nr.21: Träume, Fantasien oder spirituelle Handlungen in den eigenen vier Wänden. Familie ist spirituell veranlagt.

Nr.22: Ein jüngerer Mann ist spirituell veranlagt und wird Sie in seine Weltanschauung einführen.

Nr.23: Es ist unnötig, eine Entscheidung zu treffen. Eine Entscheidung führt zu keinem Ergebnis. Entscheidung kann nicht umgesetzt werden.

Nr.24: Verlust der Hoffnung und der Träume. Verlust der Spiritualität. Ein Verlust wird nicht so schlimm, wie anfangs befürchtet.

Nr.25: Hohes Ansehen weit über dem Bildungsgrad hinaus. Schulung im spirituellen Bereich.

Nr.26: Glück mit der Spiritualität. Positive Gedanken. Starker Glaube. Kann auch die spirituelle Erleuchtung bedeuten.

Nr.27: Scheinvertrag, Scheinangebot. Ein Angebot oder Vertrag im spirituellen Bereich.

Nr.28: In wenigen Monaten kehrt die Hoffnung zurück. Spiritualität und Glaube werden in wenigen Monaten gestärkt.

Nr.29: Angst und Einsamkeit lösen in den eigenen vier Wänden viele Fantasien aus und können zu Realitätsverlust führen. Zeigt aber auch, je nach Fragestellung, dass Spiritualität in die Einsamkeit führen kann.

Nr.30: Eine Auseinandersetzung, für die es keinen Grund gibt. Zeigt aber auch, dass spirituelle Handlungen das Nervenkostüm reizen und zu Streitsucht führen können.

Nr.31: Psychische Erkrankung. Kann auch Suchterkrankung bedeuten.

Nr.32: Kummer und Sorgen sind unbegründet. Bedeutet aber auch, dass falsche Spiritualität eine negative Denkweise auslöst.

Nr.33: Neid und Missgunst werden immer stärker, auch wenn es dafür keinen Grund gibt. Im spirituellen Bereich wird auch vor schwarzer Magie gewarnt.

Nr.34: Gute Improvisation auf der Arbeit. Kann aber auch Arbeiten im spirituellen Bereich darstellen (z.B. Kartenlegen, Astrologie).

Nr.35: Träume und Hoffnungen bleiben noch mehrere Jahre bestehen. Wünsche erfüllen sich erst in einigen Jahren. Spiritualität bleibt die nächsten Jahre erhalten.

Nr.36: Spiritualität und Weltanschauung werden für Sie von besonderer Bedeutung sein.

Verknüpfung mit anderen Legetechniken

Das kleine Häuserorakel ist eine einfache Legetechnik, die trotzdem ein aussagekräftiges Ergebnis liefert. Somit verschafft es dem Anfänger einen sanften Einstieg in die Welt der Kipperkarten.

Nicht nur der Anfänger profitiert von der Legetechnik, sondern auch der erfahrene Kartenleger, der die Deutung vom großen Deck beherrscht. Haben Sie bereits Erfahrungen mit Wahrsagekarten, spricht also nichts dagegen, wenn Sie die ausgebreiteten Karten auch noch mit anderen Deutungsmethoden verknüpfen. Denn schließlich haben Sie nach dem Auslegen der letzten Karte nicht nur das Häuserorakel, sondern auch das große Deck vor sich liegen, das Sie nach Belieben deuten können, so wie Sie es gewohnt sind. Allerdings möchte ich auf die Deutung des großen Decks nicht näher eingehen und verweise Sie stattdessen auf mein Buch 1 x 1 der Kipperkarten.

Es mag durchaus vorkommen, dass das Häuserorakel eine vollkommen andere Aussage liefert, als die klassische Deutung des großen Decks. Lassen Sie sich dadurch nicht verunsichern, denn das Häuserorakel gibt Ihnen die Auskunft über einen zukünftigen Zeitraum von 1 bis 2 Jahren, während die klassische Deutung des großen Decks auch noch Aussagen über Gegenwart und Vergangenheit liefert und somit wesentlich mehr Intuition erfordert.

Auf den nachfolgenden Seiten präsentiere ich Ihnen 10 Legebeispiele, wobei ich mich nur auf das Häuserorakel beziehe und nicht auf andere Deutungsmethoden.

Legebeispiel 1

Maria hat massive Probleme. Ihre Ehe ist gescheitert und das Haus, das sie zusammen mit ihrem Mann hatte, sollte verkauft werden.

Ihre Scheidung läuft im vollen Gange, wobei auch noch ein Rosenkrieg ausgebrochen ist, bei dem es um das gemeinsame Sorgerecht der beiden Kinder geht (Tochter 10 Jahre und Sohn 8 Jahre alt). Weil ihr Ehemann aggressive und cholerische Züge bei der Kindererziehung aufweist, will sie das alleinige Sorgerecht vor dem Gericht durchsetzen.

Maria möchte wissen, ob sich für das Haus bald ein Käufer findet, ob sie das alleinige Sorgerecht vor dem Gericht durchsetzen kann und ob der Rosenkrieg ein gutes Ende bekommt. Sie möchte auch wissen, wie es mit den Kindern weitergeht und ob sie die Scheidung gut verkraftet.

Kartenbild von Maria

82

Deutung zum Legebeispiel 1

Aus dem Kartenbild ist zu erkennen, dass das Haus bald einen Käufer findet (Karte Nr.27 im Haus Nr.20, Karte Nr.20 im Haus Nr.27). Der Verkaufspreis dürfte zufriedenstellend sein, denn finanziell sieht es für Maria sehr gut aus (Karte Nr.11 im Haus Nr.11).

Auch das Sorgerecht lässt sich aus dem Kartenbild herausdeuten, denn es hängt mit dem Gerichtsurteil zusammen, welches zu Marias Gunsten ausfällt (Karte Nr.26 im Haus Nr.23, Karte Nr.23 im Haus Nr.17).

Mit dem Rosenkrieg sieht es dagegen nicht so positiv aus, denn er wird auch weiterhin andauern (Karte Nr.30 im Haus Nr.03). Allerdings wird dieser durch den Urteilsspruch des Scheidungsrichters ein jähes Ende finden (Karte Nr.26 im Haus Nr.23, Karte Nr.23 im Haus Nr.17).

Leider kann ihr Sohn die Scheidung nicht so gut verkraften. Er wird in der nächsten Zeit so viel Aufmerksamkeit von Maria fordern, dass er sie mit seiner Erwartungshaltung einengt (Karte Nr.29 im Haus Nr.22).

Sein jähzorniges Verhalten kommt erschwerend hinzu, so dass es öfters zum Streit kommt (Karte Nr.22 im Haus Nr.30).

Auch ihre Tochter wird sich als äußerst problematisch erweisen, weil sie eine wehleidige Art annimmt (Karte Nr.12 im Haus Nr.14). Abhilfe könnte ihr eine kleine Reise bringen (Karte Nr.10 im Haus Nr.12).

Legebeispiel 2

Michaela ist 25 Jahre alt und hat vor kurzem Ralf kennengelernt, der einen Sohn aus seiner letzten Beziehung hat. Nun überlegt sie sich, ob dieser Mann der Richtige für sie ist, denn sie hat ihre Erwartungen und wünscht sich nichts sehnlicher, als einen Partner zu haben, der mit ihr eine Familie gründet und in der Lage ist, diese zu ernähren. Ein kleines Haus im Grünen würde auch in ihre Vorstellung passen. Allerdings hat sie ihre Zweifel, weil Ralf seit längerer Zeit arbeitslos ist und sie das Gefühl hat, dass er am liebsten jeder Verpflichtung und Verantwortung aus dem Weg geht.
Sie hat starkes Interesse am Schamanismus und will sich als Schamanin ausbilden lassen. Allerdings hat sie die Befürchtung, dass ihr dieser spirituelle Bereich schaden könnte.

Kartenbild von Michaela

HS 01	HS 02	HS 03	HS 04	HS 05	HS 06	HS 07	HS 08	HS 09
HS 10	HS 11	HS 12	HS 13	HS 14	HS 15	HS 16	HS 17	HS 18
HS 19	HS 20	HS 21	HS 22	HS 23	HS 24	HS 25	HS 26	HS 27
HS 28	HS 29	HS 30	HS 31	HS 32	HS 33	HS 34	HS 35	HS 36

Deutung zum Legebeispiel 2

Aus dem Kartenbild ist ersichtlich, dass sich Michaela unnötige Sorgen wegen ihrem Freund macht, denn es werden Bewerbungen verschickt und es finden Vorstellungsgespräche statt (Karte Nr.07 im Haus Nr.13). Eine Firma wird ihn in die engere Bewerberauswahl nehmen und die Entscheidung treffen, ihn einzustellen (Karte Nr.13 im Haus Nr.23), so dass er bald einen guten Vertrag erhält (Karte Nr.27 im Haus Nr.01), der auf Gegenseitigkeit beruht (Karte Nr.34 im Haus Nr.25). Die Liebe wird in dieser Partnerschaft nahezu perfekt sein (Karte Nr.36 im Haus Nr.15).

Ihr Freund scheint kinderlieb zu sein, denn er hat einen starken Bezug zu einem jüngeren männlichen Mann, der mit hoher Wahrscheinlichkeit sein Sohn aus der letzten Beziehung ist (Karte Nr.01 im Haus Nr.22). Michaelas Kinderwunsch erfüllt sich (Karte Nr.18 im Haus Nr.17) und das erste Kind wird ein Mädchen (Karte Nr.12 im Haus Nr.18). Auch ein Haus ist aus dem Kartenbild ersichtlich, das sie mit ihrem Freund kaufen wird (Karte Nr.20 im Haus Nr.27).

Sie muss sich keine finanziellen Sorgen machen, denn es kann durchaus sein, dass sie durch eine Erbschaft oder einen Gewinn unverhofft zu einer größeren Geldmenge kommt (Karte Nr.26 im Haus Nr.11).

Mit dem Schamanismus sollte sie dagegen sehr vorsichtig sein, weil es die falsche spirituelle Richtung ist (Karte Nr.08 im Haus Nr.36) und sie Probleme bekommen könnte, Fantasie von Realität zu unterscheiden.

Legebeispiel 3

Florian ist 30 Jahre alt und mit Stefanie seit fünf Jahren zusammen. In seiner nahezu perfekten Beziehung werden auch fleißig Heirats- und Familienpläne gemacht. Florian hat vor, sich eine Wohnung zu kaufen. Er hat auch ein gutes Angebot von einem Makler erhalten. Zwar ist die Wohnung günstig, dafür aber stark renovierungsbedürftig. Seine Bank ist bereit, ihm den Kredit für den Wohnungskauf zu geben, doch müsste er die Renovierungskosten selber übernehmen. Die nötige Renovierung bereitet ihm arge Probleme, denn handwerklich ist er nicht begabt. Er weiß auch nicht, wie er das Geld für die Materialkosten aufbringen soll. Zwar ist Stefanies Vater finanziell gut gestellt, doch ist sich Florian nicht sicher, ob er von ihm das Geld für die Renovierung bekommt.

Kartenbild von Florian

Deutung zum Legebeispiel 3

Aus dem Kartenbild ist ersichtlich, dass Florian und Stefanie sehr bald verheiratet sind (Karte Nr.02 im Haus Nr.03). Die Ehe verläuft äußerst glücklich (Karte Nr.03 im Haus Nr.26). Auch der Kinderwunsch wird sich bald erfüllen, wobei das erste Kind ein Mädchen wird (Karte Nr.18 im Haus Nr.12). Doch sollten er und seine zukünftige Ehefrau Stefanie darauf achten, dass das Kind nicht übermäßig verwöhnt wird, denn es neigt dazu, egoistisch zu werden (Karte Nr.33 im Haus Nr.18).

Der Wohnungskauf ist so gut wie sicher (Karte Nr.21 im Haus Nr.11), doch die Bank wird kaum bereit sein, ihm die komplette Kreditsumme zu geben (Karte Nr.13 im Haus Nr.14, Karte Nr.32 im Haus Nr.13). Allerdings hat Florian in finanziellen Angelegenheiten dennoch Glück, denn er wird von einem älteren Mann unterstützt, der mit sehr hoher Wahrscheinlichkeit sein zukünftiger Schwiegervater ist (Karte Nr.11 im Haus Nr.05). Die Renovierung dürfte unproblematisch verlaufen, denn ein jüngerer Mann trifft die Entscheidung (Karte Nr.22 im Haus Nr.23), ihm zu helfen (Karte Nr.34 im Haus Nr.22).

Auch wenn es mit den Renovierungsarbeiten zügig vorangeht, sollte Florian den Umzug nicht überstürzen. Ebenfalls wäre es ratsam, dass er auf professionelle Hilfe einer Umzugsspedition zurückreift, denn beim Umzug könnte ein Missgeschick passieren und schlimmstenfalls auch ein Unfall (Karte Nr.09 im Haus Nr.19).

Legebeispiel 4

Jessica ist 31 Jahre alt, verheiratet und kinderlos. Sie möchte gerne den Führerschein machen, hat allerdings die Prüfung im ersten Anlauf nicht bestanden und fragt sich, ob sie jemals eine Fahrerlaubnis bekommt.

Sie arbeitet in der Verwaltung und bangt um ihre Arbeitsstelle, weil der Arbeitgeber Sparmaßnahmen einleiten möchte. Weil die Ehe kinderlos blieb, hat sie sich mit ihrem Mann beim Jugendamt angemeldet, um ein Pflegekind aufzunehmen. Trotzdem wünscht sie sich nichts sehnlicher, als selber schwanger zu werden und mit ihrer Familie in einem großen Haus zu wohnen.

Jessica hat sich vor kurzem mit ihrem sturköpfigen Vater verkracht und hat nun die Befürchtung, dass der Streit noch länger bestehen bleibt.

Kartenbild von Jessica

HS 01   HS 02   HS 03   HS 04   HS 05   HS 06   HS 07   HS 08   HS 09

HS 10   HS 11   HS 12   HS 13   HS 14   HS 15   HS 16   HS 17   HS 18

HS 19   HS 20   HS 21   HS 22   HS 23   HS 24   HS 25   HS 26   HS 27

HS 28   HS 29   HS 30   HS 31   HS 32   HS 33   HS 34   HS 35   HS 36

Deutung zum Legebeispiel 4

Ich kann Jessica beruhigen, denn aus dem Kartenbild ist ersichtlich, dass sie einen Führerschein bekommt (Karte Nr.07 im Haus Nr.10). Doch sollte sie als zukünftige Fahranfängerin vorsichtiger fahren und darauf achten, nicht so viele Fahrfehler zu machen (Karte Nr.10 im Haus Nr.08).
Vor einer Arbeitslosigkeit braucht sie sich nicht zu fürchten. Allerdings wird durch die Sparmaßnahme das Arbeitspensum erhöht (Karte Nr.34 im Haus Nr.13). Darunter wird das Betriebsklima leiden und sie sollte sich vor der Hinterlistigkeit ihrer Arbeitskollegen hüten (Karte Nr.33 im Haus Nr.34).
Jessicas Familienpläne gehen in Erfüllung. Schon bald dürfte sie mit einem Pflegekind rechnen (Karte Nr.08 im Haus Nr.18). Aber auch ein leibliches Kind ist in Sicht. Allerdings wird es mit dem gewünschten Nachwuchs noch einige Jahre dauern (Karte Nr.18 im Haus Nr.35).
Mit einem Haus sollte sie dagegen sehr vorsichtig sein, denn dieser Plan ist äußerst unrealistisch und schwer in die Tat umzusetzen (Karte Nr.36 im Haus Nr.20). Dafür sind die Chancen aber um einiges besser, dass sie mit ihrem Mann eine Wohnung kauft (Karte Nr.21 im Haus Nr.27) und dort ihr Geld investiert (Karte Nr.11 im Haus Nr.21).
Die Streitigkeiten mit ihrem Vater werden bald beigelegt (Karte Nr.30 im Haus Nr.26). Auch wenn er manchmal sturköpfig wirkt, scheint er dennoch eine herzliche Ader zu haben (Karte Nr.15 im Haus Nr.05).

Legebeispiel 5

Sandra hat sich vor kurzem verliebt. Bisher hatte sie mit der Liebe nicht viel Glück gehabt und befürchtet nun, dass ihre Pechsträhne bestehen bleibt. Teilweise gibt sie sich allerdings auch selber die Schuld, weil sie glaubt, nicht bindungsfähig zu sein.

Ihr Job als Angestellte steht auf der Kippe und sie rechnet damit, bald eine Kündigung zu erhalten. Bisherige Bewerbungen blieben erfolglos. Sie hat große Angst, länger arbeitslos zu bleiben und nicht die richtige Arbeitsstelle zu finden.

Sandra plant, sich wohnlich zu verändern. Sie ist sich jedoch unsicher, ob das der richtige Weg ist, denn sie möchte durch den Umzug ihren Alltag bereichern und die Lebensqualität steigern.

Kartenbild von Sandra

HS 01	HS 02	HS 03	HS 04	HS 05	HS 06	HS 07	HS 08	HS 09
HS 10	HS 11	HS 12	HS 13	HS 14	HS 15	HS 16	HS 17	HS 18
HS 19	HS 20	HS 21	HS 22	HS 23	HS 24	HS 25	HS 26	HS 27
HS 28	HS 29	HS 30	HS 31	HS 32	HS 33	HS 34	HS 35	HS 36

Deutung zum Legebeispiel 5

Sandras Pechsträhne in der Liebe scheint leider nicht abzureißen, denn bei ihrem neuen Freund sollte sie vorsichtig sein. Er ist egoistisch und denkt nur an sein eigenes Wohlergehen (Karte Nr.33 im Haus Nr.01). Zusätzlich hat er auch noch Kummer, den er in die Partnerschaft bringt (Karte Nr.01 im Haus Nr.32). Durch die schlechte Konstellation müsste Sandra einiges an Liebeskummer ertragen (Karte Nr.31 im Haus Nr.15). Doch im Kartenbild ist auch noch eine weitere Liebe ersichtlich, die von einem jüngeren Mann kommt (Karte Nr.15 im Haus Nr.22).

Dass Sandra nicht bindungsfähig ist, wage ich zu bezweifeln, denn sie ist eine treue Frau, auf die man sich immer verlassen kann (Karte Nr.03 im Haus Nr.02).

In ihrer Firma sieht es leider nicht sehr gut aus und sie muss mit der Kündigung rechnen (Karte Nr.13 im Haus Nr.19). Allerdings bedeutet es nicht, dass sie ewig arbeitslos bleibt, denn sie kann sich in Sicherheit wiegen (Karte Nr.02 im Haus Nr.13). Sie bekommt ein gutes Angebot, dass sie glücklich und zufrieden macht (Karte Nr.17 im Haus Nr.27).

Eine wohnliche Veränderung (Karte Nr.09 im Haus Nr.21) sollte sie geplant und wohlüberlegt durchführen, denn in ihrer neuen Wohnung wird sie sich nicht besonders wohl fühlen (Karte Nr.21 im Haus Nr.14). Außerdem wird der Umzug mit unverhofften Kosten verbunden sein (Karte Nr.11 im Haus Nr.09). Dadurch könnte sie mit ihren Finanzen in eine Schieflage kommen (Karte 8 im Haus 11).

Legebeispiel 6

Gudrun ist 56 Jahre alt, verwitwet und arbeitet halbtags als Angestellte in einer Spedition. Seit längerer Zeit hat sie das dumpfe Gefühl, Opfer von beruflichen Intrigen zu sein und befürchtet nun, ihren Arbeitsplatz zu verlieren. Durch die geringe Rente ihres verstorbenen Mannes sieht es finanziell nicht besonders gut aus und sie macht sich große Sorgen, durch die mögliche Arbeitslosigkeit einen Engpass zu bekommen.
Wegen ihrem Alter hat sie Angst vor einer beruflichen Veränderung.
Weil sie selber Karten legt, würde sie am liebsten bei einer Beratungs-Hotline als Kartenlegerin von zu Hause aus arbeiten.
Sie wünscht sich auch eine Beziehung, ist aber kein geselliger Mensch und möchte deshalb die Partnersuche über ein Internetportal wagen.

Kartenbild von Gudrun

Deutung zum Legebeispiel 6

Aus dem Kartenbild ist ersichtlich, dass sich Gudruns Befürchtungen bewahrheiten, denn sie muss mit einer Kündigung rechnen (Karte Nr.19 im Haus Nr.13, Karte Nr.13 im Haus Nr.19). Doch braucht sie um ihre Existenz nicht zu bangen, denn finanziell wird sie in der nächsten Zeit vom Glück gesegnet. In finanzieller Hinsicht sieht es sogar so gut aus, dass es ratsam wäre, wenn sie im kleinen Rahmen auch mal Lotto spielt (Karte Nr.11 im Haus Nr.26).

Gudrun braucht keine Angst vor Veränderungen zu haben, denn jede Art von Veränderung bringt mehr Vorteile wie Nachteile (Karte Nr.26 im Haus Nr.09).

Sie würde nicht lange arbeitslos bleiben, denn die nächste Tätigkeit ist im Kartenbild ersichtlich (Karte Nr.18 im Haus Nr.34, Karte Nr.27 im Haus Nr.25). Mit hoher Wahrscheinlichkeit handelt es sich dabei um eine Tätigkeit als Kartenlegerin, denn sie wird im spirituellen Bereich einen Vertrag abschließen (Karte Nr.36 im Haus Nr.27) und bekommt dadurch die Möglichkeit, von zu Hause aus zu arbeiten (Karte Nr.34 im Haus Nr.21).

In der Liebe sieht es hervorragend aus. Auch wenn sie nicht besonders gesellig ist, sieht man dennoch eine Partnerschaft auf sie zukommen (Karte Nr.03 im Haus Nr.36), die durch eine starke Herzlichkeit geprägt wird (Karte 15 im Haus 15). Schon in den nächsten Monaten dürfte sie mit dieser neuen Bindung rechnen (Karte Nr.28 im Haus Nr.03).

Legebeispiel 7

Elisabeth ist 28 Jahre alt. Sie ist seit 3 Jahren Single und hatte in der Liebe bisher kein Glück. Beruflich sieht es auch nicht so gut aus, denn sie hat schon viele Bewerbungen geschrieben, bisher aber nur Absagen erhalten. Weil sie sich mit ihren früheren Freunden verkrachte, zog sie sich zurück und verbringt seitdem ihre Freizeit hauptsächlich zu Hause. Vor kurzen hatte sie über ihre Cousine ein junges Paar kennengelernt. Das Paar ist schwierig und sie fragt sich, ob sie den Kontakt beibehalten soll. Mit ihren Eltern ist es auch nicht einfach. Seit dem letzten Krach, der ein Jahr her ist, hat sie weniger Kontakt zu ihnen. Auch ihr Auto geht ihr öfters durch den Kopf, denn es ist schon etwas älter und sie befürchtet, dass sie nicht mehr lange Freude an ihm haben wird.

Kartenbild von Elisabeth

HS 01 HS 02 HS 03 HS 04 HS 05 HS 06 HS 07 HS 08 HS 09

HS 10 HS 11 HS 12 HS 13 HS 14 HS 15 HS 16 HS 17 HS 18

HS 19 HS 20 HS 21 HS 22 HS 23 HS 24 HS 25 HS 26 HS 27

HS 28 HS 29 HS 30 HS 31 HS 32 HS 33 HS 34 HS 35 HS 36

Deutung zum Legebeispiel 7

Aus dem Kartenbild ist zu ersehen, dass sich Elisabeths Pechsträhne dem Ende neigt. Die ausgelegten Kipperkarten zeigen an, dass Elisabeth Glück in der Liebe hat (Karte Nr.15 im Haus Nr.26) und bald eine feste Partnerschaft eingeht (Karte Nr.01 im Haus Nr.03). Auch beruflich scheint es aufwärts zu gehen, denn sie beginnt in einer neuen Firma zu arbeiten an (Karte Nr.13 im Haus Nr.18, Karte Nr.27 im Haus Nr.02). Der Arbeitsvertrag hat gute Konditionen (Karte Nr.17 im Haus Nr.27) und die Tätigkeit bereitet ihr viel Freude (Karte Nr.34 im Haus Nr.15).

Auch wenn die Auseinandersetzungen mit ihren Freunden heftig waren, sollte sie dennoch darauf achten, nicht zu vereinsamen (Karte Nr.30 im Haus Nr.29).

Das junge Paar, das sie über ihre Cousine kennengelernt hat, ist keine gute Alternative. Zwar führt sie mit der Frau recht intensive Gespräche (Karte Nr.07 im Haus Nr.12), doch ist diese kränklich und würde sie mit ihrem Verhalten belasten (Karte Nr.12 im Haus Nr.31). Der Mann ist leider auch nicht besser, denn er wird Elisabeth Kummer bereiten (Karte Nr.22 im Haus Nr.32).

Elisabeths Vater scheint äußerst egoistisch zu sein (Karte Nr.33 im Haus Nr.05). Über diese Eigenschaft macht sie sich viele Gedanken (Karte Nr.05 im Haus Nr.16). Der Kontakt zu ihrer Mutter scheint dafür viel besser zu sein (Karte Nr.02 im Haus Nr.06), denn diese Frau denkt positiver und sieht in Elisabeth viele gute Eigenschaften (Karte Nr.06 im Haus Nr.25).

Wegen ihrem Auto braucht sie sich keine Gedanken zu machen, denn es bleibt ihr noch einige Jahre erhalten (Karte Nr.35 im Haus Nr.10). Sie sollte aber im Straßenverkehr besser aufpassen, denn es kann durchaus passieren, dass sie in einen Verkehrunfall verwickelt wird (Karte Nr.10 im Haus Nr.19).

Legebeispiel 8

Robert ist 35 Jahre alt und hat vor kurzem eine Frau namens Silvia kennengelernt, die ihn nett und sympathisch findet. Er spürt dass sich langsam eine Partnerschaft anbahnt und möchte wissen, wie es mit ihm und Silvia weitergeht. Schließlich war er schon seit längerer Zeit Single und musste die letzten zehn Jahre äußerst viele Enttäuschungen in der Liebe hinnehmen.

Er hat eine starke Bindung zu seiner jüngeren Schwester, die arbeitslos ist und sich als spirituelle Lebensberaterin beruflich betätigen möchte. Ihren beruflichen Plänen steht er skeptisch gegenüber und bezweifelt, dass sie damit Erfolg haben könnte.

Robert möchte wissen, wie es mit ihm in der Partnerschaft weitergeht und welche Zukunftsaussichten seine Schwester hat.

Kartenbild von Robert

HS 01　HS 02　HS 03　HS 04　HS 05　HS 06　HS 07　HS 08　HS 09

HS 10　HS 11　HS 12　HS 13　HS 14　HS 15　HS 16　HS 17　HS 18

HS 19　HS 20　HS 21　HS 22　HS 23　HS 24　HS 25　HS 26　HS 27

HS 28　HS 29　HS 30　HS 31　HS 32　HS 33　HS 34　HS 35　HS 36

Deutung zum Legebeispiel 8

Aus dem Kartenbild ist ersichtlich, dass Robert noch nicht die richtige Frau gefunden hat, mit der er eine harmonische Zukunft planen kann. Zwar hat er eine starke Bindung zu Silvia (Karte Nr.01 im Haus Nr.02), doch scheint sie oft gereizt und streitsüchtig zu sein, was zur Folge hat, dass es regelmäßig zu Auseinandersetzungen kommt (Karte Nr.02 im Haus Nr.30).

Treue scheint in dieser Partnerschaft leider ein Fremdwort zu sein, denn aus dem Kartenbild ist ein Seitensprung ersichtlich (Karte Nr.33 im Haus Nr.03). Auch Ehrlichkeit scheint keine große Rolle zu spielen, denn die Gefühle sind nicht ernst gemeint (Karte Nr.08 im Haus Nr.15) und Robert sollte sich deshalb auf baldigen Liebeskummer einstellen (Karte Nr.15 im Haus Nr.14). Dass die Partnerschaft lange Bestand hat, ist sehr unwahrscheinlich (Karte Nr.03 im Haus Nr.19).

Auf Robert scheint jedenfalls eine äußerst schwierige Zeit zu kommen (Karte Nr.19 im Haus Nr.01).

Mit seiner Schwester sieht es gut aus. Ihr berufliches Ziel scheint sie zu erreichen, denn sie hat eine spirituelle Begabung (Karte Nr.36 im Haus Nr.12), die sie auch zu ihrem finanziellen Vorteil nutzen kann. Robert braucht sich mit Sicherheit keine Sorgen zu machen, denn sie hat eine starke Bindung zum Vater (Karte Nr.12 im Haus Nr.05) und wird viele geplante Vorhaben mit ihm absprechen.

Legebeispiel 9

Ein Jahr später hatte ich wieder Robert zu Gast. Seine Partnerschaft mit Silvia war der reinste Horror. Sie war temperamentvoll und launenhaft, was zur Folge hatte, dass es heftige Streitereien gab. Silvia war auch untreu und hatte ihn innerhalb von paar Monaten mehrmals mit anderen Männern betrogen. Scheinbar hatte sie von einer ehrlichen Beziehung eine andere Vorstellung als er. Jedenfalls war diese Partnerschaft zum Scheitern verurteilt und Robert nach sechs Monaten wieder solo.

Robert strebt eine Umschulung an. Allerdings ist er sich nicht sicher, ob er die Abschlussprüfung schafft und danach einen vernünftigen Job bekommt, bei dem die Bezahlung stimmt.

Robert möchte nun wissen, wie es mit ihm in der Liebe weitergeht und ob die geplante Umschulung für ihn vorteilhaft ist.

Kartenbild von Robert

HS 01   HS 02   HS 03   HS 04   HS 05   HS 06   HS 07   HS 08   HS 09

HS 10   HS 11   HS 12   HS 13   HS 14   HS 15   HS 16   HS 17   HS 18

HS 19   HS 20   HS 21   HS 22   HS 23   HS 24   HS 25   HS 26   HS 27

HS 28   HS 29   HS 30   HS 31   HS 32   HS 33   HS 34   HS 35   HS 36

Deutung zum Legebeispiel 9

Ein so gutes Kartenbild für Partnerschaft und Liebe bekam ich selten zu Gesicht.

Robert wird bald in Liebesangelegenheiten eine Überraschung erleben (Karte Nr.28 im Haus Nr.15). Es handelt sich um eine Beziehung, die auf Liebe und Ehrlichkeit basiert (Karte Nr.15 im Haus Nr.03) und Roberts Alltag mit Freude bereichert (Karte Nr.03 im Haus Nr.17). Er und seine zukünftige Partnerin werden sich nahe sein (Karte Nr.01 im Haus Nr.02, Karte Nr.02 im Haus Nr.01) und sich in allen Belangen gegenseitig ergänzen und unterstützen.

Beruflich sieht es für Robert gut aus. Durch die Umschulung wird er finanziell profitieren (Karte Nr.25 im Haus Nr.11). Wegen der Prüfung braucht er sich keine Sorgen zu machen, denn er wird sie mit einem guten Ergebnis abschließen (Karte Nr.26 im Haus Nr.25). Nach der Prüfung wird es nicht lange dauern, bis sich sein beruflicher Erfolg einstellt und er ein Angebot von einer Firma bekommt (Karte Nr.17 im Haus Nr.27, Karte Nr.13 im Haus Nr.26).

Legebeispiel 10

Martina ist 30 Jahre alt, geschieden und hat einen zweijährigen Sohn. Sie möchte den Führerschein machen, hat aber Angst vor der Prüfung. Sie hat einen Zeitarbeitsvertrag, der bald ausläuft. Ob dieser verlängert wird ist zweifelhaft, weil sie glaubt, dass es der Firma schlecht geht. Demnächst möchte sie sich einen neuen Freundeskreis aufbauen, denn sie hatte mit ihren bisherigen Freunden schlechte Erfahrungen gemacht. Ihr größter Wunsch wäre es, eine stabile Partnerschaft zu haben. Einen Herzensmann hat sie schon, hat aber Zweifel, ob er der Richtige ist. Martina möchte wissen, ob sie die Führerscheinprüfung besteht und ob ihr Zeitarbeitsvertrag verlängert wird. Sie interessiert auch, wie es mit ihrem Freundeskreis weitergeht und ob sie mit ihrem Herzensmann eine glückliche Beziehung führen kann.

Kartenbild von Martina

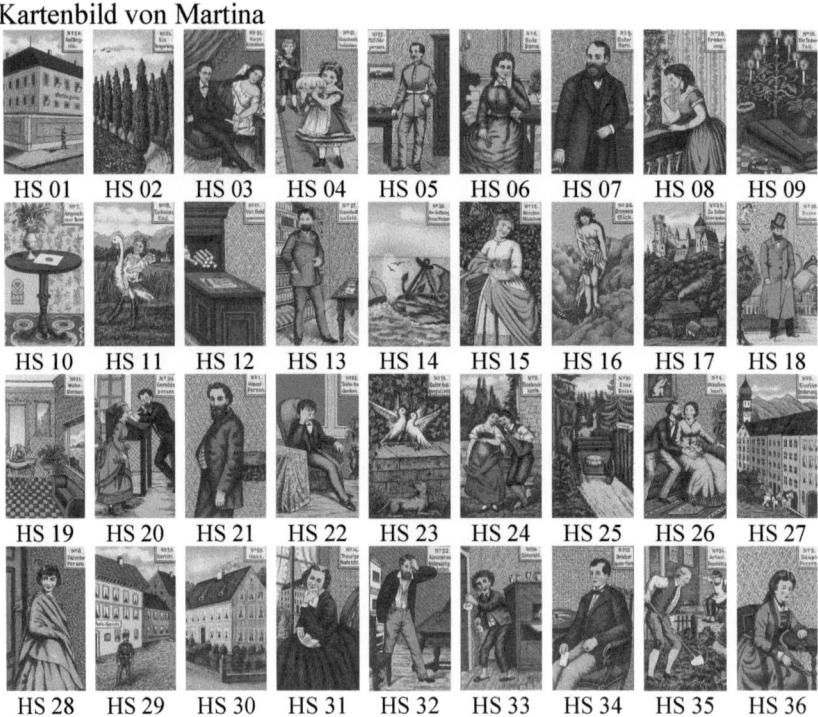

HS 01 HS 02 HS 03 HS 04 HS 05 HS 06 HS 07 HS 08 HS 09

HS 10 HS 11 HS 12 HS 13 HS 14 HS 15 HS 16 HS 17 HS 18

HS 19 HS 20 HS 21 HS 22 HS 23 HS 24 HS 25 HS 26 HS 27

HS 28 HS 29 HS 30 HS 31 HS 32 HS 33 HS 34 HS 35 HS 36

Deutung zum Legebeispiel 10

Aus dem Kartenbild ist ersichtlich, dass Martina die Fahrschule besucht (Karte Nr.10 im Haus Nr.25). Um die Prüfung braucht sie sich keine Sorgen zu machen, denn diese wird sie bestehen und einen Führerschein bekommen (Karte Nr.25 im Haus Nr.17, Karte Nr.07 im Haus Nr.10). Ob ihr Zeitarbeitsvertrag verlängert wird, ist dagegen nicht zu erkennen. Es ist ersichtlich, dass es zu einem Arbeitsvertrag kommt (Karte Nr.27 im Haus Nr.13) und Martina die nächsten Jahre einer regelmäßigen Tätigkeit nachgeht (Karte Nr.34 im Haus Nr.35). An Arbeit wird es in der Firma nicht mangeln (Karte Nr.13 im Haus Nr.34).

Mit ihrem zukünftigen Freundeskreis wird Martina viel Freude haben (Karte Nr.17 im Haus Nr.04, Karte Nr.04 im Haus Nr.26).

Für die Partnerschaft hat sie leider keine so guten Karten. Ihr jetziger Freund scheint ein Stubenhocker zu sein, der sich am liebsten zu Hause aufhält (Karte Nr.01 im Haus Nr.21, Karte Nr.29 im Haus Nr.01). Dies dürfte auch der Grund sein, dass die Partnerschaft sehr belastend auf Martina einwirkt (Karte Nr.31 im Haus Nr.03) und es schließlich auch zur Trennung kommt (Karte Nr.03 im Haus Nr.24).

Schlusswort

Zum guten Schluss möchte ich Ihnen ein Dankeschön ausrichten, weil Sie mir mit dem Kauf dieses Buches Ihr Vertrauen geschenkt haben.

Ich bin fest davon überzeugt, dass auch Sie sich die Grundkenntnisse des Kartenlegens aneignen können.

Aber ich möchte Ihnen noch einen ganz wichtigen Ratschlag mitgeben: Sehen Sie das Kartenlegen nicht so verkrampft und lassen Sie sich bitte nicht von den negativen Kartenkombinationen verängstigen. Schließlich wird die Zukunft nicht unwiderruflich eintreffen, sondern kann, sobald Ihnen der Lebensweg bewusst ist, gelenkt werden. Die Wahrsagekarten geben Ihnen oder Ihrem Fragesteller eine hilfreiche Unterstützung für schwierige Lebensphasen und machen Sie auf mögliche Chancen und Risiken aufmerksam, die Ihnen im Alltag begegnen könnten.

Haben Sie einen guten Einstieg in die Welt der Kipper-Wahrsagekarten bekommen und möchten sich noch intensiver mit ihnen beschäftigen, empfehle ich Ihnen mein Buch „1x1 der Kipperkarten", das nicht nur die klassische Deutung des großen Decks präsentiert, sondern auch ein hilfreiches Nachschlagewerk für viele Kartenkombinationen ist.

Ihr Buchautor

Zeljko Schreiner

Weitere Bücher von Zeljko Schreiner

Titel: Kipperkarten-Handbuch
Erscheinungsdatum: Januar 2008
ISBN-13: 978-3837010701
Kurzbeschreibung: Eine übersichtliche Anleitung für den Anfänger, der sich in kürzester Zeit das Kartenlegen mit Kipperkarten aneignen möchte.

Titel: 1x1 der Kipperkarten
Erscheinungsdatum: Mai 2007
ISBN-13: 978-3833495045
Kurzbeschreibung: Ein umfangreiches Werk zum Kartenlegen mit den Kipper-Wahrsagekarten.
Alle Zweierkombinationen werden bis ins Detail beschrieben und liefern dem Leser übersichtliche und leicht verständliche Deutungsmethoden, mit 10 praxisnahen Legebeispielen.

Titel: Mystisches Tarot
Erscheinungsdatum: August 2007
ISBN-13: 978-3837003635
Kurzbeschreibung: Eine Einführung in die Welt des Tarots.
Neben der ausführlichen Beschreibung von jeder Karte, erhält der Leser zusätzlich die Deutung für die Bereiche Beruf, Geld und Liebe.
Ebenso werden die beliebtesten Legetechniken in Verbindung mit 30 praxisnahen Legebeispielen vorgestellt.

Titel: Zigeunerkarten-Handbuch
Erscheinungsdatum: Januar 2009
ISBN-13: 978-3837087512
Kurzbeschreibung: Eine übersichtliche Anleitung für den Anfänger, der sich in kürzester Zeit das Kartenlegen mit Zigeunerkarten aneignen möchte.

Titel: 1x1 der Zigeunerkarten
Erscheinungsdatum: August 2010
ISBN-13: 978-3839181065
Kurzbeschreibung: Ein umfangreiches Werk zum Kartenlegen mit den Zigeuner-Wahrsagekarten. Alle Zweierkombinationen werden bis ins Detail beschrieben und liefern dem Leser übersichtliche und leicht verständliche Deutungsmethoden, mit 10 praxisnahen Legebeispielen.

Titel: FIT
Die magische Kraft der Freudenimpulstechnik
Erscheinungsdatum: Juni 2012
ISBN-13: 978-3844813197
Wir alle haben die Möglichkeit, um glücklich und zufrieden zu werden, wenn wir der verborgenen Kraft des Unterbewusstseins vertrauen. Mit der Freudenimpulstechnik lassen sich körpereigene Energien erzeugen und mit gezielten Gedanken sinnvoll einsetzen, damit Sie Ihre Lebensqualität steigern und sich Ihre Wünsche erfüllen.